신미륵 상·하생경

"한 번만 읽어도 성공한다"

주지 자도광

용 화 전

卍 대한불교 포천 용화사

지장보살

남북통일기원 5층사리 봉안탑

심우도 및 태양광 전등

千日 기도 입재

용화전 미륵불 법당(좌측대묘상보살 우측법화림보살)

미륵반가좌상 자도광 스님이 50년 모시고 사는 미륵불

미륵대석불상

신축 불사를 끝내고

미륵불(우보처 법화림보살, 좌보처 대묘상보살)

8

가정탑묘공원(잔디장·수목장)

봉선사 월운 큰스님 법호 자도광

도반과 함께

공덕비 추대(영평사 正林 큰스님)

용화사 안내문

용화권속 설판제자

용화사 앞 심우도 기린용수 8공덕수

기린(平和의 상징)

서　문

　　우리는 모든 희망을 미래에 두고 사는데, 미륵신앙이란 우리의 희망인 당래 미륵존불을 분명하고 확고한 사실로 입증하는 것이다.

　　소승 미륵불자인 자도광(慈道光)은 법당에는 미륵 불과 법당 앞에는 미륵대석불상(大石佛像)을 숙소에는 미륵반가 상를 모시고 유일한 락(樂)의 희망으로 정법 수행한다. 전단향 한 그루의 나무가 산의 악취를 제거하듯 미륵불은 전무후무한 성자로 석가불의 예언, 미륵상생·하생경, 오탁악세(나의 업), 대성성불경, 육부경등을 초판하오니 삼생을 살아도 만나기 어려우니 애경 독송하길 복축하옵니다.

　　승인도 여세이출이라! 말세의 미래 구세주로서 우리 인류가 갈망하는 유토피아의 극락을 건설할 성자로 확신하는 바이다. 이 경을 출간함에 많은 중생이 독송하여 메마른 심전(心田)을 안정(安靜)하게 하고 중생의 모든 죄장(罪障)을 참회하고 불보살에 가피받고 인연지어 용화세계 영생극락을 같이 누리기를 발원하는 바이다.

　　"나무 당래 용화 교주 자씨 미륵존 여래불"

　　　　나무 관세음 보살　慈道光 전화 : 010-3909-5971

경 탄 사

을미년 2월 15일 미륵보살님 열반일을 기해 한국 신미륵 상생·하생경 육부경 대성성불경 등을 출판함에 불연이 남달리 깊은 영평사 주지 정림은 진심으로 축하합니다.

우리는 다생의 선연으로부터 이 생에 이르기까지 많은 선근과 복업을 닦은 좋은 인연으로써 당래하생 미륵 부처님의 법연이 이루어진 것 같습니다.

일찍이 불문에 들어 80세를 기념하여 위 경을 출판함에 여러 중생들이 한 번만 읽어도 성공한다는 도솔천 내원궁(內院宮)의 극락정토를 맛볼 수가 있다니 참으로 미래 미륵부처님의 원력이고 가피입니다.

어떠한 법보시보다 이 경을 독송함에 성공할 수 있고 아주 높고 훌륭한 법보시가 되는 것입니다.

이 경을 독송하시는 모든 중생들이 무량한 복업으로 미륵부처님과 인연지어 말세를 타파하고 관재구설 삼재팔난 사백사병 영위 소멸하사옵고 미륵부처님 하강하시어 삼회설법에 다같이 동참하여 지상천국을 같이 누려지이다.

불기 2559년 을미
한국교단 무문총림 부대법주 영평사 주지 정림(合掌)

목 차

一. 미륵 육부경

미륵성불경–석불의 예언, 사리불의 물음
불설대성불경 [佛說大成佛經]

(1) 석존의 예언 [釋尊의 豫言]

하루는 파사산에서 여름 안거 중 산마루에 시를 읊으시니

"마음을 한데 모아 잘 들어라. 밝은 빛을 지니고 삼매를 닦아 무한 공덕을 갖추신 이가 반드시 이 세상에 나오시리라. 그 분이 진리를 말씀하시면 목마른이가 감로수를 마신 것처럼 모든 이가 만족을 얻게 되고 재빨리 해탈의 길을 얻게 되리라."

(2) 사리불의 물음

온 대중이 길을 닦고 청소한 뒤 향을 피우며 공양한 뒤 부처님을 우러러 보았다. 효자가 자애로운 부모를 쳐다보듯, 목마른 이가 물을 생각하듯 법왕의 부처님을 쳐다 보았다.

올바른 진리의 법륜을 굴려주심을 청하고자 한 마음 한 뜻으로 모든 감각 기관과 마음을 부처님께 집중하고 있었다. 마침내 비구 비구니 우바새 우바이 천인 용 귀신 건달바 아수라 가루라 긴나라 마후라가 사람인 듯 아닌 듯 모든 대중이 오른쪽으로 부처님의 둘레를 돌고 나서 온몸을 땅에 던지며 부처님을 바라보고 목타는 마음으로 눈물을 흘렸다.

"미래의 부처님 그 분의 이름과 공덕 신통력과 그 나라의 장엄한 모습에 대하여 설법해 주십시오. 또 어떤 선근을 싶고 어떻게 보시와 선정과 지혜를 닦아야 미륵부처님을 뵐 수 있는지요?"

사리불이 이렇게 여쭙자, 天人男子 天王들도 공손히 손을 합장하고 부처님께 한 목소리로 다음과 같이 말했다.

(3) 천신들의 청법 (請法)

"부처님, 저희들은 미래의 시대에 사람들 가운데 가장 큰 과보이며 온누리의 눈이요, 빛이신 미륵부처님을 뵙고 싶습니다. 그러니 저희 중생들을 위해 자비의 말씀을 해 주십시오."

여덟 무리의 대중 모두가 이처럼 공손히 합장하고

부처님께 말씀을 간청했다. 그때 범천왕이 범천의 중생들과 함께 한 목소리로 다음과 같이 찬양의 노래를 하였다.

"보름달 같은 분께 귀의합니다. 십력 지혜 갖춘 대장이시고 두려움 전혀 없는 용맹하신 분 모든 것을 환히 아시는 분. 세 가지 존재의 삼계를 훅 넘고 삼계 밝은 지혜 이루시고 네 가지 악마를 항복시켰네. 그 몸은 진리의 그릇이오 마음은 허공처럼 자유로운 분, 고요해 흔들리지 않는 분, 有에서 無, 아님을 살펴보시고 진리를 깨달으신 분, 온세상 사람들이 찬양을 하네. 저희들이 모두 한 마음으로 귀의하오니 진리의 법륜을 굴려 주옵소서."

(4) 미륵부처님의 세상

그러자 부처님은 사리불에게 말씀하셨다.

"좋다. 그대들을 위해 자세히 설명해 주겠다. 잘 듣고 잘 기억해 두어라. 그대들이 지금 훌륭한 마음으로 여래의 더할나위 없이 큰 일과 큰 지혜에 대하여 질문하는구나. 여래는 그대들의 생각을 손바닥 안을 들여다 보듯 환히 안다. 사리불이여, 과거 7불 부처님 때 부처님의 이름을 듣고 그분들께 예배하고 공양한다면 누구든지 그러한 인연으로 업장을 소멸하고 자비의 근본인 미륵의 가르침을 듣게 되어 마음이 깨끗하게 되리라. 그대들은 이제 한 마음으로 손을 모으고 미래의 위대한 자비의 미륵불께 귀의하라. 이제 자세히 설명해 주겠다. 미륵부처님의 나라는 깨끗하게 살아가는 이들의 것이다. 그들은 아첨이나 거짓이 없고. 자기 가진 것을 남들과 나누고, 계율을 지키며, 지혜의 완성을 추구하고 집착도 않나니, 모든 중생에 대해 부드러운 마음을 내면 미륵부처님의 큰 사랑을 입어 그 나라에 태어나게 될 것이다. 그 땅은 금은 유리거울같이 평평하고 깨끗하게 될 것이다.

마음에 드는 꽃, 기쁨을 주는 꽃, 향기로운 꽃, 우담바라꽃, 큰금잎꽃, 칠보잎꽃, 흰은잎꽃 등 온갖 꽃이 하늘나라 비단처럼 부드러운 꽃수술을 달고 솜처럼 부드럽고 향기롭고 맛좋은 과일을 생산하여 낼 것이다. 이 모두 그 나라 사람들이 석불전에 선행과 선근을 싶은 까닭이다. 누구든지 자비심을 실천하면 그 과보로 다함께 그 나라에 태어나게 될 것이다. 그래서 지혜의 덕을 갖추고 오복이 충족하고 안락하며 냉(冷), 열(熱), 풍(風), 화(火) 등 병이 없고 아홉 가지 고뇌가 없을 것이다. 수명은 팔만 사천 세를 다할 것이며 일찍 죽는 일이 없을 것이다. 키도 열여섯 길이나 되고 지극한 안락을 누리며 그들은 깊은 선정을 낙으로 삼는다. 다만 세 가지 병이 있는데, 첫째는 먹고 마시는 것이고, 둘째는 대소변, 셋째는 늙는 것이다.

여인은 나이 오백 세, 남자는 팔백 세가 되어야 결혼을 할 것이다. 저절로 생겨난 칠보로 장식된 누각이 있는데 장엄하고 아름답고 깨끗할 것이다. 칠보로 된 나무들이 줄지어 서 있는데 나무 사이엔 칠보로 된 개울과 샘이 있어 개울마다 형형색색의 아름다운 물이 흘러 조화를 이룰 것이다. 서로 엇갈리지 않고 흘러 서로 장애가 되지 않으며 양쪽 물가에는 금모래가 깔려 있다.

거리의 한 길은 너비 12리인데 모든 國樂園 같이 깨끗이 청소되어 있고, "타라시킨"이라는 큰 용왕이 있어 덕과 위력을 모두 갖춘 이로써 칠보용궁이 누각처럼 물 밖으로 드러나 있을 것이다. 그는 항상 밤중에 사람 모습으로 변하여 요술 병에 향물을 가득 채워 뿌려 흙먼지를 가라 앉힐 것이다. 그래서 온 땅이 기름칠한 것처럼 반질반질하여 행인이 왕래할 때 먼지가 하나 없을 것이다.

그 시대 사람들이 지은 福의 결과로 거리 곳곳에 밝은 구슬 달린 기둥이 서 있을 것이다. 그 빛이 마치 해와 같이 사방 80요자나를 비칠 것인데 순 황금빛으로 그 빛은 낮과 밤이 다름 없을 것이다. 향기로운 바람이 때때로 불어와 밝은 기둥을 스치면 보배구슬 목걸이가 비오듯 할 것이다. 사람들이 이목거리를 걸치면 즐거움을 맛볼 것이다. 곳곳에 금은보배와 구슬 따위가 산더미 같이 쌓여있을 것인데, 이 보물산이 빛을 내어 성안을 환하게 비출 것이다. 백성들은 그것을 보고 기뻐하며 깨달음을 얻고자 할 것이다. "바드라 팔라 사샤카"라는 야차신이 밤낮으로 기두말 서과 백성을 지키며 청소를 깨끗이 할 것이다. 변을 볼 때는 땅이 저절로 갈라져 그 변을 받은 뒤에 도로 합쳐지고 빨간 연꽃이 피어나 악취를 없앨 것이다.

그 나라 백성들은 늙으면 산 숲으로 들어가 부처님을 생각하면서 임종하매 대범천이나 부처님 나라에 태어나게 된다. 그 땅은 전쟁, 약탈, 도둑이 걱정 없이 평안하여 문 잠그는 집이 없을 것이며 모두들 자애로운 마음으로 서로 공경하고 존중하며 이해하여 자기 감각기관을 잘 통제할 것이다. 부부, 자식, 형제, 친족 모두 사랑하며 서로 존중하고 겸손하다. 이 모두가 미륵부처님의 자비로운 가르침 때문이다.

살생하지 않는 계행을 지켜 고기를 먹지 않는 인연으로 그 나라에 태어난 사람은 청정하여 얼굴 모습이 단정하고 천국인 같이 위험을 갖추고 부처님에 신통력으로 서로 장애 없이 상통된다. 그리고 야광 마니 여의주 꽃이 온 누리에 가득 피어 칠보의 꽃을 뿌릴 것이다. 파두마꽃, 우트팔라꽃, 쿠무다꽃, 푼다카꽃, 만다라꽃, 마하만다라꽃, 만수사꽃, 마하, 만수사꽃이 온 땅을 덮을 것이며, 바람이 불면 공중에 화원이 된다. 팔공덕수가 저절로 흐르고 명명조, 거위, 원양, 공작, 앵무새, 비취새, 수리, 락바사바, 쾌견조 등이 아름답게 우짖는다. 티 없는 맑은 금빛꽃, 지혜의 햇꽃, 향기꽃, 행기첨복꽃 등 백천 가지 꽃들이 밤낮없이 피고 시들지 않을 것이다. 또 온갖 향과 맛 좋은 과일이 가득차 있을 것이다. 이 시대는 향산이 있어 향수가 흘러 병을 치료한다.

우순풍조하여 향그러운 곡식이 다량 생산되고 한번 씨를 뿌리면 일곱 번을 거둘 것이다. 이 모두가 중생들이 옛날부터 노력한 결과로 이 곡식을 입에 넣으면 사르르 녹으며 온갖 좋은 맛과 향기를 갖고 있어 먹으면 기력이 충실해질 것이다."

(5) 전륜성왕과 보물창고

그 시대 그 나라에 '상카'라는 전륜성황이 있을 것이다. 그는 막강한 군대를 갖고 있으면서도 무력에 의지않고 사천하를 다스릴 것이다. 그는 32상을 갖추고 천명의 자신이 있는데 용맹하고 단정해 적들이 위엄에 굴복할 것이다. 그는 중생의 소원에 따라 보물을 뿌려준다. 네 개의 큰 보물창고가 있는데 그 속에 4억 개의 창고가 칠보로 꽉 차 있어 이 창고들이 연꽃처럼 저절로 땅 위에 솟아오르면 무수한 사람들이 모두 함께 와서 구경할 것이다.

이때 보물들을 지키는 이가 없어도 아무도 그것을 탐내거나 가져가지 않을 것이다. 돌멩이, 풀, 나무, 흙덩이 보듯 하여 땅에 버릴 것이다. 그 시대 사람들은 보물을 보아도 별 관심 없이 서로 이런 말을 주고 받을 것이다.

"부처님께서 말씀하신 것처럼 옛날 사람들은 이런 보물을 귀하게 여겼기 때문에 서로 해치고 도둑질 하고 속이고 거짓말 했다지. 그래서 자기들 삶을 고통에 빠뜨리고 생가윤희 바퀴 돌 듯이 거듭거듭 합쳐서 죄업을 더욱 지어 지옥에 가곤 했다지." 기두말 성중은 온갖 보석으로 꾸며진 그물로 덮여 있을 것이다.

"보석방울이 바람에 흔들어 풍경소리처럼 은은한 소리를 울릴 것이다. 그 소리는 모두 부처님과 승가에 귀의합니다." 라는 소리이다.

(6) 미륵의 태어남

그때 성안에 "브라마유"라는 브라만 지도자가 있을 것인데 아내 브라마바티는 성품이 온화하고 부드러운 것이다. 그들을 부모로 삼아 태어나게 될 것이다. 어머니 뱃속에 있어서 천국처럼 놀다가 큰 빛을 내며 티 없는 모습으로 태어나게 될 것이다.

몸은 자금색으로 32상 모습을 갖추고 보배로운 연꽃 자리에 앉으면 그의 빛나는 얼굴은 눈부셔서 쳐다보기가 어려울 것이다. 온몸의 털구멍에서 나오는 불가사의한 빛은 천지를 비출 것이다. 해나 달 별들과 물 불

진주의 빛도 모두 그 앞에서는 흙먼지처럼 빛을 잃을 것이다. 미륵불의 키는 석가모니 부처님 팔뚝의 80배 가슴 너비는 팔뚝의 25배, 얼굴 길이는 팔뚝의 12배, 코는 높고 입에까지 반이 될 것이다. 하나하나 모습마다 무한한 장엄이 마치 금으로 지은 형상처럼 장엄할 것이다. 부처님에 빛앞에 해와 달 별, 진주, 구슬칠보, 가로수들이나 밝게 빛나고 다른 빛들은 안보일 것이다. 부처님의 몸음 황금산처럼 우뚝하여 보는이마다 저절로 세 가지 나쁜 세계에서 벗어날 것이다.

(7) 미륵의 출가

그때 미륵이 세상 사람들의 다섯가지 욕망이 가져오는 허물과 우환을 눈여겨보고 중생들이 기나긴 생사의 흐름 속에 빠져 고통받는 걸 보니 몹시 가엾었다. 이와 같이 올바른 관찰로써 모든 고통과 실체 없음과 무상함을 통찰하고 나니 머물러 있음이 감옥처럼 싫어졌다. 그때 상카왕이 대신 백성들과 같이 칠보대를 가지고 왔다. 천가지 보석으로 꾸며진 휘장과 천억 개의 보석 그릇보석 방울과 깃발을 미륵에게 줄 것이다. 미륵은 그가 받은 값진 보물을 브라만들게 다 나누어 주고는 모든일은 무상하니 생기고 없어지는 법, 생기고 없어지는 것이 없는 적멸이야말로 즐거워라. 이 노래를 마치고 그는 출가하여 금강장엄 도장인 용화 보리수 아래 앉아 도를 닦을 것이다.

이 나무는 용처럼 가지에서 보배로운 꽃을 수없이 토해낼 것이다. 하나하나의 꽃잎마다 칠보 빛깔을 내고 가지각색의 과일은 먹음직스러울 것이다. 하늘나라와 인간 세계에 이런 나무는 없을 것이다. 가지와 잎에서 사방으로 환한 빛을 낼 것이다.

(8) 미륵의 깨달음

그때 미륵은 무수한 브라만들과 함께 이 도량에 찾아와 스스로 머리를 깎고 출가한 뒤 도를 닦을 것이다. 그리고 출가 즉시 그날 초저녁에 네 가지 악마를 항복시키고 위없이 바른 깨달음을 이룰 것이다. 읊은 시는

"오랫동안 중생 고통 고민해 오며 벗어나려 해도 벗어날 길 못 찾았는데 이제야 올바른 깨달음 얻어 거리낌 없이 툭 트였나니 다시는 근심과 고민 없어라, 조건 없는 자비를 실천할 뿐. 나 예로부터 그대들을 위해 모든 것을 바쳤으니 나라와 머리, 눈, 처자, 손발 할것없이 무수히 많은 것을 남에게 베풀었네. 이제야 비로소 해탈을 얻으니 위없이 위대한 열반이어라. 이제 그대들

을 위해 감로수 같은 진리의 길을 활짝 열어 보이리라. 이렇게 큰 과보는 다 보시와 지계와 지혜의 결과이며 여섯 가지 큰 깨우침 또한 큰 자비의 순수한 실천을 통해 얻었네."

이 시를 읽고 나서 미륵부처님은 묵묵히 그 자리에 머물러 계실 것이다. 그러면 모든 천신과 용과 귀신들이 몸을 드러내지 않은채 하늘나라 꽃을 뿌려 부처님께 공양할 것이다. 온 누리가 여섯가지로 뒤흔들리고 부처님의 몸에서 빛이 나와 한없이 많은 중생들에게 비치니, 누구든지 부처님을 뵈게 될 것이다.

(9) 天生들의 청법

제석천왕과 대범천왕을 비롯한 무수한 천신들이 화람원에 찾아와 부처님 발에 머리 조아려 절하고 진리의 바퀴굴려 두 손 모아 간청할 것이다. 대범 천왕이 천국궁전을 타고 온갖 하늘나라 꽃과 향을 부처님께 바쳤다. 부처님 구레를 수없이 돌고 온몸을 땅에 던져 절하고 두손모아 가르침을 청했다. 그러자 하늘나라 악기가 저절로 울렸다. 이때 천신들은 한 목소리로 다음과 같은 시를 읊을 것이다. 헤아릴 수도 없는 무수한 세월 부처님 없이 지내며 중생들은 나쁜 길에 빠져있네! 세상을 볼 눈이 없으니 세 가지 나쁜 세계 날로 커가고 하늘길 영원히 끊겼네. 부처님이 세상에 나오시니 나쁜 길은 다 사라지고 천국 사람들이 늘어나리라.

우리 천왕 천신들은 부처님 출현 소식 듣고 부처님을 뵙게 된 기쁨에 온몸이 환하게 광채가 나네. 우리의 위대한 스승이시여, 온누리 중 제석천왕과 대범천왕을 비롯한 천신들이 화림원에 찾아와 부처님 발에 머리 조아려 절하고 진리의 바퀴 굴려 두 손 모아 간청할 것이다.

(10) 대중들의 자각(自覺)과 서원

수천억 년 동안 오욕락을 누린다 해도 삼악도 세계의 고통을 면치 못할 것이다. 이 세상은 영원하지 않고 목숨은 오래 부지하기 어렵다. 고통의 뿌리를 해탈하기 위해 오늘 마침 부처님을 만나 뵈었으니 부지런히 정진해야겠다.

(11) 상카왕의 출가

이때 상카왕이 큰 소리로 이렇게 외칠 것이다. "하늘

의 쾌락을 누릴 지라도 끝내는 사라지고 말리니 머지 않아 지옥에 떨어져 맹렬한 불길에 타리라. 우리 이제 어서 빨리 출가하여 부처님 진리를 배우자.” 꽃동산 용화수 아래로 미륵부처님을 찾아가 출가의 결심을 밝히며 부처님께 머리 조아려 절한 것이다. 그러면 머리를 채 들기도 전에 수엽과 머리카락이 저절로 떨어지고 가사가 몸에 걸쳐서 수도승이 되어 있을 것이다.

(12) 미륵부처님의 입성

그때 미륵부처님은 상카왕과 팔만 사천 대신들과 스님에게 에워싸인 채 무수한 대중들과 함께 기두말 성안으로 들어가실 것이다. 부처님이 성문을 밟자마자 사바세계가 육종진동하고 이 땅이 금빛으로 변할 것이다. 기두말 성의 중앙에 금강으로 된 땅이 있는데 거기에 과거 모든 부처님이 앉으셨던 금강보좌가 저절로 솟아날 것이다. 온갖 보배로운 가로수에서는 커다란 꽃들이 비오듯 떨어지고, 용이 음악을 울리며 입에서 꽃을 토해내고 털구멍에서도 꽃을 비오듯 뿌려 부처님께 공양할 것이다.

(13) 미륵부처님의 설법

부처님은 이 자리에 앉아 올바른 진리의 법륜을 설법하실 것이다. "이것이 고통이다"라고 고통의 진리를 말씀하시고, 이것이 "고통의 원인이다"라고 고통의 원인에 관한 진리를 말씀 하시고. 이것이 "고통의 소멸이다"라고 고통의 소멸에 관한 진리를 말씀하시고, "이것이 고통을 없애는 길이다"라고 고통을 없애는 길에 관한 진리를 말씀하실 것이다. 깨달음의 37행법을 가르치시고 12인연법을 설명하실 것이다.

(14) 천신들의 찬탄

이때 대지가 여섯 가지로 흔들릴 것이다. 이와 같이 부처님의 음성이 삼천대천 세계까지 들리고 아비지옥까지 위로는 아가니타천까지 들릴 것이다. 그러면 사천왕이 무수한 귀신들을 거느리고 와서 이렇게 외칠 것이다. "부처님의 태양이 떠서 진리의 비를 내리는구나. 세상의 눈이 이제야 비로소 열렸네. 널리 온 천하에 부처님과 인연이 있는 중생들이 모두 다 가르침을 듣게 되리라." 삼십삼천 야마천, 도솔천, 화락천, 타화자재천에서 대범천에 이르기까지 하늘 나라 사람들이 각기 자기네 나라에서 이렇게 외칠 것이다. "부처님의 태양이 떠 감로수를 내리는구나. 세상의 눈이 비로소 열렸네. 인연 있는 사람들은 모두 가르침을 들으리." 이때 모든 용과 산신, 나무신, 약초신, 물신, 지신, 성신, 연못신, 바람신, 집신들도 기뻐 날뛸 것이다.

(15) 사람들의 수행

무수히 많은 총명하고 지혜로운 브라만들도 부처님의 가르침 속에 대왕을 따라 출가하여 도를 배울 것이다. 왕이 총애하는 브라마시리와 스마나스라는 두 대신들도 팔만 사천 명의 대신들과 함께 부처님의 가르침 속에 출가하여 깨달음의 길을 배울 것이다. 전륜왕의 왕비 사마바티(지금의 비사카 부인) 또한 무수한 궁녀들과 천 명이 출가할 것이다. 상카왕의 태자 왕위를 잇기 위해 한 명만 남겨 두고 구백 구십구 인과 더불어 무수한 많은 사람들이 부처님의 가르침 속에 출가할 것이다. 이와같이 헤아릴 수 없이 많은 사람들이 세상의 고통과 존재를 이루는 오욕락의 타는 듯한 고통을 보고 모두 미륵부처님의 가르침 속에 출가할 것이다.

(16) 미륵부처님 세상에 온 사람들

그때 미륵부처님은 자비심으로 말씀하실 것이다.

"여러분들은 하늘나라에 태어나기 위해서 온 것도 아니고 현세의 향락을 위해 온 것도 아니오, 오직 열반의 영원한 즐거움을 위해 왔을 것이오. 여러분은 모두 부처님의 가르침 속에서 온갖 선행의 뿌리를 심어 왔소. 석가여래불은 다섯 가지의 혼탁한 세상에 나오시어 갖가지로 여러분을 꾸짖어가며 가르쳤소.

그러나 여러분을 어떻게 할 수가 없어 여러분으로 하여금 미래의 인연을 심도록 하셨소. 그래서 지금 나를 보게 되었고. 나는 여러분을 받아 들이게 된 것이오. 경전, 계율, 논장 등을 읽고 풀이하여 다른 사람들에게 풀이해 주고 그 뜻을 찬탄하며 다른 사람에게도 경전을 공부하도록 권하는 등 여러 가지 좋은 일을 한 까닭에 이곳에 왔소. 많은 보시와 계율을 지키고 지혜를 닦는 등 좋은 일을 한 까닭에 이 곳에 왔소. 불경 음악이나 깃발, 양산꽃, 향등불 같은 것을 부처님께 공양한 사람도 이곳에 왔소. 스님들에게 평상시 식사를 대접하고 승방을 만들어 네 가지 공양을 하고 팔재계를 지키며 자비를 실천한 사람도 이곳에 왔소. 자비를 베풀어 고통을 멎게 한 사람도 이곳에 왔소. 절을 지어 법회를 열어 음식을 공양한 사람도 이곳에 왔소. 불법을 배우고 선정을 수행하고 번뇌없는 지혜를 닦은 사람도 이곳에 왔소. 탑을 세워 사리를 받들고 부처님의 법신을 생각한 사람도 이곳에 왔소. 재난, 고액, 외로움, 국법, 저촉, 사형수, 여덟 가지 재난에서 구해준 사람도 이곳에 왔소. 살면서 이별, 당파 싸움이나 소송에서 극심한 고통에 빠진 사람도 이곳에 왔소."

(17) 미륵부처님의 석가부처님 찬탄

미륵부처님은 이 말씀을 마치고 석가모니 부처님을 칭찬하실 것이다.

"장하셔라. 오탁악세에 이렇게 무수한 중생들을 가르치고 깨우쳐 그들로 하여금 선행을 실천하여 내게로 오게 하셨구나."

이렇게 세 번 거듭 석가모니 부처님을 찬양하고 다음과 같이 시를 읊으실 것이다.

"인욕과 용맹의 큰 스승께서는 오탁악세 험악한 시대에 거친 중생들을 가르쳐 성숙시켰네. 그들이 수행을 하여 미륵불을 만나도록. 중생의 큰 고통을 대신 짊어져 영원히 안락한 열반을 얻게 하셨고. 제자들을 가르처 내게로 오게 하셨으니, 내 이제 여러분을 위해 네 가지 진리를 가르치고 37가지 깨달음과 길과 장엄한 열반과 12연기법을 가르치셨네. 그대들은 사물의 본질을 잘 살펴 본래 실체가 없고 공적함을 터득하라."

이렇게 다음과 같이 찬양하는 말씀을 하실 것이다.
"그 시대 중생들을 위해 그 괴롭고 험악한 세상에 어려운 일들을 하셨구나. 탐욕과 분노와 어리석음으로 미혹하고 단명한 사람들 속에서 계율을 잘 지키며 여러 가지 좋은일을 하셨으니 참으로 거룩하셔라! 그 시대 중생들은 부모도 모르고 수행자도 모르고 학자도 모르고 진리도 몰랐다. 전쟁을 일삼고 서로서로 해치며 오욕에 빠져 질투와 아첨에 일삼았고 사악하고 거짓된 마음을 지녔다. 서로 살해하여 고기를 먹고 피를 마셨다. 스승과 어른을 공경하지 않고 좋은 친구를 알아보지 못했다. 은혜도 모르고 잘못을 뉘우쳐 반성도 않는다. 대역죄도 서슴없이 저지르고 행동하니 어떤 친족도 구제할 수 없는 실정이었다.
참으로 훌륭하셔라. 석가모니 부처님은 큰 방편과 두터운 자비심으로 그 고통받는 중생들 속에서 온화하고 보기 좋은 언사로 고묘한 방편과 지혜로써 진실을 말

하셨다. 내가 장차 와서 그대들을 해방시킬 것이라고
하셨다."

二. 오탁악세(五濁惡世)는 나의 업(業)

　부처님께서는 탐내고 화내고 어리석게 행동함과 몸과
입과 마음으로 짓는 죄로 인해 자신이 부처임을 미처
깨닫지 못한 우리에게 각자의 본래 면목이 부처이고 또
한 서로 부모형제이며 오직 자신의 노력과 정법수행(正
法修行)을 통해 부처가 될 수 있음을 우리들에게 일깨
워 주신 三界의 大道師이시고, 四生의 慈父이신 영원한
귀의처이시며 우리 인류에 영원한 보배이십니다. 용화
불자는 벅찬 환희심으로 석존의 불은에 감사드립니다.

三. 법화경과 능엄경의 오탁악세란?

(1) 겁탁(劫濁)

　　가뭄, 홍수, 지진, 천재지변, 전쟁기근, 오염, 살생, 테러 등 시대가 불안하고 혼탁한 시대를 말한다.

(2) 견탁(見濁)

　　그릇되고 불순하고 시끄러운 세상

(3) 번뇌탁(煩惱濁)

　　애욕, 투쟁, 정법을 멀리 한다.

(4) 중생탁(衆生濁)

　　불효하고 악업만을 일삼는다.

(5) 명탁 (命濁)

　　견탁과 번뇌탁의 과보로 생기는 악한 세상!

　　말세는 참으로 위험한 악세로 규정하시다. 오탁악세는 악행악담 악살이 제한 없이 자행되고 있다. 오탁악세는 남의 이야기가 아니라 나의 업이 작용한다.

그러면 어떻게 무명과 오탁악세를 벗어날 수 있을까? 악을 방지하는 계율과 산란한 마음을 안정하는 팔정도 선정(禪定)과 계정혜를 닦아 마음을 깨닫는 방법, 자명등(自命燈)과 법명등(法命燈)을 설법하셨다. 또 말씀하시되 염불기도, 선업을 열심히 수행하라 잘못을 뉘우쳐 참회 기도로 허물을 고치면 죄는 소멸되고 지은 업장이 소멸되어 끝내는 광명이 온다. 태양은 삼라만상 일체를 가리지 않고 비추어 준다. 우리의 마음이 즉 부처인즉 부귀빈천 남녀노소 모든 인류를 초월해서 십선공덕 수도하면 끝내는 성불한다.

현세는 말세라! 불보살께 귀의, 참회, 공양이 제일이라. 석존 당시에 예언하시되! 지장보살과 관세음보살은 용화 세계의 부촉보살로 미륵불 출세를 도우라고 하시고 관세음보살, 지장보살이 말법시대에 최고의 가르침은 항시 염불기도 하고 선업을 짓고 잘못을 뉘우쳐 지은 죄를 조목조목 밝히는 것이 참회 기도니라.

캄캄한 무명 말세에 햇불을 밝혀주면 일시에 밝아지

듯 미륵불이 출세하는 세상은 광명 뿐 人人 成佛하고 家家 선학(仙鶴)의 천국이라! 이는 우리 인류 중에 선업을 지은 자만 이룩할 수 있다.

소승 현세를 살펴보건데 황금의 만능이고 탐진치 삼독의 오욕락 속에 국가의 흥망과 시국 보기를 초계처럼 하찮게 여김으로 父子가 재물을 다투고 살인하며 이혼하고 원수가 되고, 자식이 부모를 살해하고 과부가 아이를 낳고 질서는 파괴되어 모두가 내 것으로 착각하고, 짐승의 행동을 하니 말세로다.

분별 없는 성욕은 육축이 환생하여 그릇된 습관을 억제 못하고 습관이 발작함으로써 사회에 물의를 일으킨다. 요즘은 육식이 풍부하다. 죄 지은 영가가 많아 육축으로 환생한 탓이란다.

어느 큰 스님께서 TV 법문 하시다. 해와 달이 빛을 잃고 오염의 안개가 하늘을 가리도다. 이는 하늘의 큰 재앙으로 모든 인류가 지은 숙명적인 업보로써 만국을 도는 은혁병과 토사병 피가 말라 죽는 흑사병, 산의 독한 기운과 바다의 풍토병, 유행성 전염병이 천지를 돌며 허공에 불기둥이 발생하고 혜성과 유성이 떨어져 모든 생명을 죽여 없애도다. 세간에는 불법이 쇠퇴해지고 산천초목도 없어지도다. 불언(佛言)하사되

"나 이제 열반에 들고 큰 지혜의 성문들도 나를 따라 열반하여 불법도 무너지리다. 그때에 살기 위해 중이 되고 삼승(三乘)을 두려워하지 않고 후세를 두려워하지 않고 뻔뻔히 거짓말하고도 두려워하지 않고 부끄럼도 없이 탐진치에 눈이 어두워 권력자에 아부하여 질투하고 오욕락만 즐기고 계율을 어기고 오탁악세에 빠져 헤어나지 못하도다."

덕망 있는 큰 스님과 학자를 배척하며 질투하고 원망하며 자리도 같이 하기를 싫어한다. 이러한 자들이 나(석존) 계율과 교시를 지켜야 할 사찰로 출가를 해 그야말로 가짜이고 대도둑이며 대악인이라! 인륜, 천륜, 도덕 간 데 없고 황금만능 말세는 부처님과 예수님도 팔아 먹고 오욕락에 삶이 말법의 시대상이라.

미륵불의 출세 만능의 전지전능하신 미륵불의 상족 제자인 응신(應身) 앙카대왕은 석존의 예언대로 무기나 무력을 사용 않고 자비의 선법으로 세계를 통일시키고 지상 낙원 시대를 열어 즉 십선용화 세계를 만들면 그때에 미륵이 출세하여 100%의 용화지상 극락을 건설

한다! 그전의 천지개벽이란? 선천의 누적된 원한의 大폭발로 천지의 숙살 기운이 발동하여 괴질이 대발하면 홍수가 넘치듯 인간계를 모조리 휩쓸 것이다.

구현자 미륵불 출현 전에는 법멸진품(法滅盡品) 法이 멸하여 불교가 쇠퇴하여 몰락하는 과정을 설명하셨습니다. 불법이 말세에 이르러 어떻게 출세하여 중생을 제도할 것인가? 정법, 상법, 말법, 삼천 년이 지나면 미륵불이 하강하여 사시절이 조화되고 사람의 마음이 도솔천궁에 한 뜻이 되어 갈등이 없고 서로 통해 천국이 된다. 석존께서는 라훌라와 가섭존자 빈두라 군도 발란타 등 네 제자에게 도솔천을 가르키며 천주로 계신 미륵불이 인간계에 하강하니 그때에 열반에 들라 하셨다. 또 석존의 예언인즉(월장경)

"말법시대는 오탁악세의 각박한 시대라 수억 명의 중생이 수행을 해도 깨침을 얻는 자가 없고 道人도 안 나오고 종교 운이 끝난다. 단 수행을 많이 해도 미래세의 인연만을 질 뿐이다."

소승, 현세의 실정을 통탄하고 안타깝게 생각한다. 종교로 인해 갈등이 생기고 왕래가 없이 의리가 끝기고 편파적인 맹신은 아주 잘못된 신앙이고 잘못 배운 신앙이다. 사람이 먹어야 할 음식이 있고 약을 먹어 낫는 병이 있듯이 보고 듣고 배워 내 것을 만들고 실천해서 깨우침이 올바른 종교이고 불법이라 할 수 있다. 태양이 누구의 것도 아니듯이 불법 또한 누구의 것도 아닌 인류의 보배로써 누구나 배워 듣고 깨우치면 내 것이 된다.

어떤 종교이든 예외는 없다. 성경 공부를 마쳤다는 목사가 불경(佛經)을 보고 그 뜻을 모른다면 어찌하여 성경을 제대로 안다고 하겠으며 불경 공부를 해서 깨쳤다는 이가 성경을 보고 그 뜻을 모른다면 어찌 그 진리를 깨쳤다고 할 수 있겠는가? 불경이 일체 중생을 제도하고 깨닫게 해서 저 언덕에 이르고 성불이 되는 가르침이라면 어찌 승려는 깨치고 목사는 왜 못 깨치겠는가?

옛적에는 큰 스님도 유학(儒學)에 밝아 무불 통지한 분도 많았고 유학자 중에는 불교에 밝은 이가 많아 서로 배우고 교류하면서 깨우쳐서 친한 친구가 많았다. 그러나 요즘은 진리를 탐구하고 추구하여 모범자가 될 사람들이 무종교인보다 못하고 맹신함에 빈축을 받기 일쑤이니 통탄할 일이다.

인륜 도덕과 삼강오륜은 아는 바 없고 친척도 같은 교인이 아니면 상종도 않으니 슬픈 일이다. 종교가 다르다고 왕래도 없이 다투고 미워하고 갈등이 생겨서야 종교인으로서 부끄럽기 그지 없다!

소승, 삼십 년 전 미국을 수차 방문할 기회가 되어 일요일이 되면 동반하여 교회에 나가 사업차 상면해야 서로 업이 잘되고 교인으로 친분도 돈독히 다져진다. 소승 예수 보살님께 열심히 기도하고 목사님에 강연을 깊이 있게 경청하는 바, 목사님은 불교 공부를 많이 한 분이라 불법을 응용하여 유창히 조리 있게 강연하매 많은 호평으로 박수갈채를 여러 번 받으셨는데 좋은 말씀을 지금도 소승은 기억하고 보시에 응용하고 수행하고 있다. 예수님이나 석가 부처님은 중생 제도를 위해 인간으로 오신 성각자 화신불이다. 나와 내가 하나듯이 두 분의 성각자도 한 분이시다. 나는 나하고 자주 갈등을 빚지만 두 분 성자께서는 두 분 다 진리의 차이나 갈등이 전연 없으니까!

훌륭한 가르침을 주신 유교, 불교, 예수교(유불선) 삼대 성자는 나의 큰 스승이시다. 종교 종파가 다르다고 성자의 가르침을 비판하고 맹신하여 우상시 하는 것은 큰 죄를 짓는 것이고 구제 불능이다! 좋은 말씀이라면 받아들이고 혹 납득이 안 가는 말씀이 있다면 취하지 않으면 될 것이다. 배우고 경청하고 실천함이 사람을 만드는 것이다.

"종교는 사람을 위해 만든 것이라 좋은 점을 취하여 실천만 잘 하면 인간의 최고 보배입니다. 선남선녀 여러분, 부디 편협한 사고에 고착되고 맹신은 종교의 노예가 되어 인의도덕과 천륜을 모르고 신앙이 전부인양 육도윤회를 벗어날 기약 없이 죄만 짓고 악도에 떨어질 행동은 삼가야 합니다.

불교, 천주교, 기독교, 이슬람교, 유교, 도교 등은 바른 종교로서 모두 인애(仁愛)을 주장하고 인류를 계몽하는 학교로서 단지 지식을 가르치는 깊이와 넓이가 다를 뿐입니다. 불교가 가르치는 것은 우주와 인생의 보편적 진리입니다. 불교는 모든 바른 종교을 인정하고 포용하니 마치 종합 대학과 같은 것입니다.

석가 부처님은 이 대학의 교장인 셈이지요. 공자는 인의예지선을 가르쳤고 노자는 사람됨 바탕 위에 건강한 인체의 잠재적 능력을 개발하여 화합과 충만한 삶을 살도록 하신 것입니다. 마호멧과 예수님은 여러 존속 국가 백성의 정신적 인도자로써 분쟁 없는 인류사회를 건설하고자 하신 것입니다.

불교의 입장에서는 모두 불보살이며 화신입니다. 숭고한 스승은 제자가 자기보다 진보하고 훌륭한 제자가 되길 바라고 배우고 가르칩니다.”

四. 소승 慈道光 한 마디!

팔십세를 계기로 노심(老心)에 이 글을 출판함에 두서 없어 죄송한 마음 금치 못하며 연명해 주신 불은에 감개무량 하옵기에 이 글을 선물로 씁니다. 많은 독자분이 독경하시고 충고와 가르침을 주십시오.

오늘의 말세 중생들이여! 부처님의 계율을 생명같이 지키며 행동한다면 무슨 고통이 있겠는가?

참 내 것 되고 참 나를 찾는 방법이 무엇일까?

죄를 만들어 짓지 말고 선함은 모두 받들어 행하라. 백 년을 탐한 마음 눈 감으면 티끌이 되고 삼 일을 닦은 마음 천 년의 보배 된다.

세 살 된 어린애가 말은 잘해도 팔십 먹은 노인이 행하기 어렵다네. 말 한 마디에도 천지의 진리가 들어 있고, 장부일언은 중천금이라 무심코 던진 말 한 마디가 상대방에게 오해와 원심을 주고 가슴에 못을 박는 아픔을 주는 일도 허다하다. 탐진치 외에도 장난으로 던진 돌에 개구리가 맞아 죽는단다. 그렇게 죽은 영혼이 다음 생에 환생하여 원수로 태어나 복수하기 위해 친척으로 변신하여 적원이 되므로 불법의 깨달음이 아니고는 그 업장을 풀지 못하고 세세생생 서로 원수로 나온다. 우리 인생사에 어떤 분야든 인륜도덕을 망각한 사업은 잠시 흥할지 모르지만 언제인가는 꼭 망한다는 사실을 명심하라. 또한 내 마음 고쳐 반성하고 선업을 지으면 남도 이익되게 하고 나 또한 풍요로운 복전 부자가 된다.

안방에 두 부처가 계시니 탐진치 황금 속에 얽혀서

사는 말세 중생들은 알지 못하네.

황금 치장이나 전단향의 조각 치장은 아니하더라도 현전의 부모님을 뵙기만 하라. 그대로가 석가와 미륵이 니라.

지성껏 下心으로 공양한다면 달리 공덕 지을 필요가 있겠는가? 살아있는 부모님께 효도한다면 죽은 후에 추모하는 수선공양도 필요없거늘 이런 사람은 천지신명과 용, 야차도 도와주느니라.

한시바삐 불법 배워 마음 공부 깨달아서 인과법칙 알고보니 내가 지은 업보니라. 일근천하 무난사라.

노는 입에 염불하고 일하고 먹고 불연(佛緣) 지어 자비 복덕이 구족하시고, 당래 미륵불께 귀의하여 수기(授記) 받고 팔만세 용화지상천국를 다같이 동참하세! 나무 미륵존불

'지은 게 없으면 먹지 말라.' 백작스님의 말씀과 같이 근면 정신으로 좀 일찍 일어나 내 몸 정리하고 도량 청소하며 항시 염불기도 참선, 관법, 주력, 경전, 사경 등 취미대로 하노라면 무상히 흐르는 세월 즐겁게 살 수 있다네!

내 이제 안 배운 것 외고집과 자존심 탓이라.
독불장군 교만심의 황금노예을 누가 제도할까?
정법수행 잘한 저 도인은 공한 마음 光明이라.
불법 공부 잘 배워서 보살행을 닦은 결과니라.

五. 오늘의 장례식 문화

풍수지리에는 조상 묘를 잘 써야 후손이 복 받고 잘 산다는것은 사실이지만, 명당 묘는 살아생전에 수선적 덕을 많이 한 사람이 차지하는 자리가 명당자리라 한다. 큰스님과 선지식께서는 지식과 과학을 초월한 스님이기에 사후 걱정은 않으며 덕망과 덕량을 갖춘 자가 마음 공부도 잘 되어 생사 해탈하고 등정각을 성취한다.

선남선녀 여러분! 명당묘만 찾지 말고 나의 마음 적선 선업 짓고 부지런히 실천하고 인과응보를 깊이 반성하여 마음 공부 잘 하여서 참 나를 찾아야 알 수 있고 명당지를 찾아든다.

현세는 오탁악세의 난세이고 삼재팔난의 대혼란이 일어나는 말세인지라 명당 명지를 찾기란 그리 쉽지 않다. 한정된 산지에 묘를 쓰니 득보다 해가 더 많다. 묘지에 두더지, 뱀, 쥐 등이 들락거리면 그 집안에 병고나 질병 등 각종 풍파가 생기고 사건 사고가 많이 생긴다. 물을 피해 좀 높은 곳에 묘를 쓰면 풍수를 피할 수 없고 좀 얕은 곳에 묘를 쓰면 땅 속은 수맥이 흐르는데 심히 비가 오고 장마가 지면 대개는 수맥이 흘러 물이 고일 수 있다. 또한 그런 곳의 묘는 잔디나 풀이 잘 살지 못한다.

六. 묘를 쓴 후 자손에게 어떤 영향을 미칠까?

사람이 살았을 때는 내 몸 내 육신이라 집착하고 살았기 때문에 땅 속에 묻어 놓으면 살아있을 때처럼 육신에 대한 집착을 버리지 못하고 육신 묻힌 묘지를 떠나지 못하고 후손에게 해를 주기도 한다. 죽으면 영혼이 빠져 나가고 육신만을 집착하여 육신을 따라 다니

기도 하고 후손을 따라 도움도 주고 해치기도 한다. 소승의 형님이 별세한 지 이십 년 만에 꿈에 나타나 자기는 죽지 않았단다. 꿈이긴 했지만 반가웠다. '형님 돌아가신 지 오래입니다.' 했더니 '내가 왜 죽어, 나 안 죽었어.' 극구 아니란다. 그러다가 꿈을 깬 적이 있다. 이는 아직 왕생 못해서 육신에 대한 집착으로 가정에 맴돌며 빙의 되어 떠나지 못한 바 자손들께 이런 말을 했건만 느끼지 못하니 참 답답한지고! 잘못된 묘는 후손을 원망하거나 온통 마음을 뒤흔들어 병, 액난과 해를 주는 방향으로 이끌어 교통사고, 도박, 마약 중독, 가족 파산 등 빙의 되어 해를 준다. 심지어는 자살사건, 후손이 끊어지기도 하고, 살인 사건도 발생하는 묘도 있다. 묘를 잘 써서 왕도 나고 잘 되는 집안도 있지만, 다 잘 되는 것은 아니다. 묘의 위치나 산의 형세에 따라서 자녀가 각각 잘 되고 아니 되는 묘도 있다.

七. 불교에서 화장을 권하는 이유

육신을 화장하면 집착할 육신이 없기 때문에 마음이 편안하고 병폐가 없다. 그렇다고 영혼까지 없어지는 것은 아니다. 영혼은 물질만 버렸지 듣고 보는 영감은 산 사람보다 7배나 밝다! 그러므로 화장한 영골을 함부로 버리거나 흙에 버려 밟고 다니게 되면 원신이 되어 자손에 빙의 되어 고통을 주고 해를 주는 일이 종종 있다. 요즘 TV에 빙의 환자를 병원에서 진찰해도 병명도 모르고 못 고치는 환자를 완치하는 엑소시스트 관련 방송을 자주 방영해 줌을 봐도 증명이 된다.

"불언" 하시되...
명당자리를 찾아 묘를 쓰는 어리석은 짓은 하지 말라고 간곡히 말씀하셨다.
지·수·화·풍 네 요소가 모여 사대육신을 이룬 바 죽으면 온 데로 각각 제 갈 길로 돌아가는 것이 우주의 섭리요 진리인 것을 죽어서도 육신에 집착하니 각종 사건사고가 발생하여 고통을 받는다고 말씀하셨다.
그러니 묘를 잘 써야 자손들이 잘 된다는 기존 관념

을 없애고 화장해서 정갈히 사찰이나 납골당에 모심을 권한다.

"제사나 천도제는 꼭 지내주면 별 화근이 없습니다. 가능한 영가재는 사찰이나 스님을 초청해서 부처님의 불음을 들려주면 과거의 잘못을 깨달아서 왕생극락 할 것이며 자손들도 염불 지성공덕 힘입어 건강하고 가정이 편안하여 복을 누리고 잘 살게 됩니다."

예수재(豫修祭)와 수선공양재(修禪功養祭)란?
삼보에 귀의한 불자가 살아 생전에 불전에 공양(향, 등, 차, 과일, 꽃, 쌀) 올리고 지성으로 염불, 참회, 기도, 수행, 공양, 공덕을 지음이 예수재입니다. 생전에 미리 닦아 왕생극락발원 수행을 했기에 사후에 생략해도 무방하다. 십선공덕 몸소 짓고 조상원한 천도해야 소원성취 된다네!

八. 수선공양제(修禪功養祭)란?

　부모님의 은덕으로 세상에 나서 성장하여 철이 들만하니 부모님은 이미 별세하시고 은혜를 갚을 길이 없도다. 아...아...... 슬프고 원통하도다! 소승 사시공양에 더불어 아미타불님과 지장 보살님 전에 순국열사와 열명영가, 다생부모, 일가친척, 질손연척영가, 무주고혼 일체 원신영가 다 같이 왕생극락 발원합니다. 매일 염불공양 올리와 만분의 일이라도 은혜 갚고자 함이라. 소승 지극정성 염불 드리오니 불보살님께옵서는 굽어 살펴 주시옵소서!

　다생부모 영가는 불보살님의 법음을 들으시고 서운함을 달래여 진실로 잘못을 뉘우쳐서 원한을 풀고 고마운 감정이 들어 좋은 곳에 환생하기를 일심으로 축원합니다. 수선공양제는 살아서 못한 효도를 불공으로 간절히 공양재를 올려 드리는 효도의 기회입니다. 영가는 진실한 마음가짐의 염불 소리를 듣습니다. 슬피 울며 재를 지냄은 영가에게 아무런 도움이 아니 되고 미련 애착 때문에 영가께 오히려 방해가 됩니다. 진심으로 극락왕생을 염원하고 불법을 전해 줘야 영가가 감

동해서 마음을 깨닫고 생각을 돌릴 수 있습니다. 영기가 밝아 진심과 거짓을 다 알고 불음(佛音)을 들려주면 윤회에 대한 확신을 갖고 깨달아 왕생극락합니다.

영가가 생전 좋아하던 음식을 바치고 제사는 꼭 지내줘야하고 7·7재 백일재를 지내주면 괴로움과 슬픔을 면하게 된다고 합니다. 만약 안 지내주면 평생 살은 것 이상으로 고통을 받고 원귀가 되어 나타난다고 합니다. 영가를 위해 유가족이 천도재를 지내 주고 선업 공덕 보시하면 영가나 유가족에게 영향을 주고 천당이나 인간계에 환생하며 유가족도 재를 통해 과거, 현재에 지은 죄업을 소멸하고 복을 받으며 효도하는 기회로 가정이 편안하고 병폐가 없습니다.

九. 정법(正法), 상법(像法), 말법(末法) 시대란?

(1) 정법시 : 부처님 입멸 후 천 년 동안은 모두가
근기가 높아서 정법이 널리 선양되고
정법을 배워서 도 (道)를 증득하고 널
리 선양되어 왕성하여 퍼지는 시대라.

(2) 상법시 : 불멸 후 이천년이 접어들어 논리를 전
개하고 설법을 경청하며 신행 위주로
써 탑과 사찰을 장엄하게 꾸미고 불상
을 모시는 등 외형 적인 신행 활동 위
주로 함으로 도를 증득하는 이가 거의
없는 시대라.

(3) 말법시 : 불멸 삼천 년에 접어들어 참다운 진리
는 백법이 몰락하고 교 파간 종교간
갈등이 심하고 근기가 약해서 참다운
법은 관심을 가지지 않는 시대이고 기
복 신앙으로 선정을 무시하고 사도에
빠지는 말법 시대다.

말법은 불법이 쇠퇴하는 시대로 教法과 修行은 있으

나 증과(證果)를 얻지 못하는 시대라 하여 투쟁견고(鬪爭堅固) 시대라 말한다.

말법시대에 온갖 역경에도 만족을 알며 계를 생명같이 여기고 청정히 선정을 닦고 배워 부지런히 수행하는 자는 큰 이익을 얻으리라. 인과응보를 깊이 반성하고 노력없이 생긴 것은 언제든지 갚아야 할 부채니라! 선근공덕으로 용화극락 동참 발원하세!

十. 불보살의 3가지 가피(加被)란?

(1) 現前가피 : 세조대왕이 문수기도로 가피 얻어
(2) 夢中가피 : 꿈에 불보살에 자비현몽
(3) 冥勳가피 : 생각만 하면 모든 일이 잘 성취된다.

十一 . 이 몸 지금 제도하지 못하면 어느 생애를 기다려 제도할 것인가?

이 계송은 부처님께서 8살짜리 아들 라훌라에게 한 말씀입니다.

우리 인생은 한 치 앞도 못 보는 답답하고 우매한 인생입니다. 그러나 부처님에 가피를 믿고 걱정불안 절망에서도 불보살님의 명호를 정성껏 염송만 하고 선업을 지으면 이것이 곧 수행입니다. 이 사실을 추호도 의심 않고 불안하고 걱정되고 의지가 약해질 때마다 더욱 용맹심을 내어 희망의 세상을 여는 미륵존불 가피 속에 성장하고 번성하는 불가사의한 대비원력으로 나의 고통, 절망을 모두 바치며 평화의 건설자이시고 지상천국의 구현자이신 미륵님 품 안으로 들겠습니다. 구세주 희망 미륵 부처님! 자비 복덕이 원만하시고 지혜원력이 한없으신 지상낙원 창시자인 미륵불님. 우리들 말법제자는 한 마음 기울여서 시방 삼세제불 보살님께 지성 귀의 예경하옵니다. 한없이 죽어가는 말세 중생을 하루 속히 도탄에서 건져 주옵소서. 하루 속히 하강하시어 지상 낙원 이룩하게 하여 주옵소서.

十二. 복 받는 비결

(1) 건전한 마음씨로 사람들을 존경하라.

(2) 법 지킴을 생명같이 하라.

(3) 불공(佛供)은 조상 극락가고 내 복전이다.

(4) 佛供 3일 전부터는 비린 것을 먹지 말라.

(5) 향, 초, 쌀은 정성껏 매월 1일 15일은 佛供 공덕
으로 자성(自性) 찾는 공부를 하라.

나무 석가 여 래 불 (삼송)

十三. 미륵상생경(佛說觀彌勒菩薩上生兜率天經)

석가불께서 미륵보살이 도솔타천에서 탄생하심을 관
찰하시고 설하신 경전이라.

이와 같음을 내가 듣사오니 석가부처님께서 사위국

기수급고 독원에 계실 때였다. 세존께서 초저녁에 온몸
이 금색 광명이라 고독원 동산을 일곱 겹으로 둘르고
둘러서 수달다의 집을 금색광명으로 비추니 안개와 구
름처럼 사위국을 둘러싸서 곳곳마다 금빛연꽃이 비 나
리듯하고 그 광명 가운데에 백천이나 되는 부처님이
나타나사 말씀하시되 이 가운데 천이나 되는 보살이
있으니 제일 먼저 성불하신 부처님이 구루손이요 가장
뒤에 성불하실 부처님이 루지니라 말씀을 마치심에 존
자 아약 교진이 선정에서 일어나 권속이 이백 오십 인
을 거느리고 있었다. 존자 마하가섭도 이백 오십 인의
권속이 같이 이르고 존자 대 목건련이 이백 오십 인이
같이 있었고 마하바사 바제 비구니가 일천 권속과 계
셨다. 수달다 장자가 삼천 우바세로 같이 계셨고 비사
커모가 이천 우바리로 더불어 있었고, 보살마하살이 있
으대 발타바라라 십육 보살이 같이 있었고, 문수사리
법왕자가 권속 오백 보살로 같이 이르고, 또 천인 용
야차 건달바 등은 대중들이 부처님의 광명을 보고 구
름처럼 모여 들었다. 저 때에 세존께서 백억 다라니을
한 말씀에 간략히 마치심에 대중 가운데에 한 보살이
있으니 미륵이라!

부처님의 말씀을 듣고 백만억 다라니를 얻었는지라. 즉시에 일어나 부처님 앞에 머물러 서 있거늘 저 때에 우바리가 머리을 숙여 합장하고 사루어 말하되

"세존께서 지난 적에 계율경장에서 아일다가 이 다음에 부처가 될 것을 설하신 바 아일다는 아직 범부로써 모든 루를 끊지 못했으니 사후에 어느 곳에 나리까?" 또 다시

"출가하여 선정을 닦지 아니하여 번뇌를 끊지 못했으니 부처님께서 수기(授記)하심에 의심이 없으시며 목숨을 마친 후에 어떤 국토에 태어나리까?"

하니 우바리에게 말씀하시되

"자세히 듣고 잘 생각하여라. 여래는 올바른 것을 관찰하고 응하여 올바른 것을 두루 아시느니라."

이제 이회 중에서 미륵보살 마하살의 아뇩다라삼먁삼보리(정변 정각으로 부처님이 되는 것)의 수기(授記) 주는 것을 설하노니 이 미륵보살이 십이년 후에 2월 15일 명을 마치고 반다시 도솔타천상에 가서 태어나리라. 도솔타천에는 오백억 천자들이 있는데 천자들마다 단바라밀(보시하는 것)을 닦아서 미륵보살에 공양하기를 좋아하는 연고로 천궁전을 지었는데 천자들은 각기 마니보관을 벗고 무릎 꿇고 합장하고 소원을 발원하되

이무가보주와 마니, 천관을 중생을 위하여 공양하는 연고는 미륵천주가 곧 오는 세상에 아뇩다라삼먁삼보리를 이루리니 저 부처님의 장엄국토에서 수기를 얻어 받을 자임에 공양으로 하여금 변화하여

"공양구를 이루게 해 주옵소서."

모든 천자들이 발원하더라. 천자들이 이와 같이 말을 마치니 보관이 변하여 오백억의 보배 궁전을 이루고 집집마다 보배 궁전에 일곱 겹으로 담을 쌓았으며 겹겹담이 칠보로써 이룩된 바라. 하나의 보배에서 오백억의 광명이 나오며 광명 가운데 오백억의 연화가 있고 송이마다 연화가 변하여 오백억의 칠보행수를 이루었으며 나무 그루마다 오백억 아름다운 색이 있고 낫낫 보배의 빛에는 오백억의 염부 단금의 빛이 있으며 그 빛 가운데는 오백억의 모든 하늘의 보배 여인이 나오며 백억의 나무 보배에서 미묘한 노래를 내나니 때때로 음악 가운데에 법윤에 물러가지 않는 법륜의 연설을 하느니라.

또한 그 나무에는 열매가 달려 있는데 파려의 보배빛과 같아서 일체의 모든 빛이 그 파려의 빛 가운데에 들어 가나니 이 모든 광명이 돌고 돌며 굴르고 굴러서 모

든 소리가 흘러나와서 대자대비한 법문을 베푸느니라.

겹겹 담둑의 높이는 육십 이순이 되고 두께는 십사 순이 되는 바 오백억의 용왕이 이담뚝을 둘러 있어서 오백억의 칠보행수에 비를 내리어 이담뚝을 자연의 바람이 나무을 움직이매 나무 사이서 나오는 소리는 고(苦)인 것이며 무상(無常)이며 나라는 생각이 없는 것이며 바라밀(저 언덕에 이르는 법)을 설법함이로다.

이 궁전에 대신이 있으되 이름이 노도발제라 공손이 일어나 모든 부처님에게 예를 올리고 큰 서원을 발원하되 나의 복덕으로 미륵보살을 위하여 좋은 법당을 짓고자 하오니 나로 하여금 이 바위에서 자연히 보배의 구슬이 나오게 하여 주시옵소서. 하다 이렇게 소원원하니 이 바위에서 자연히 오백억 구슬이 나옴에 유리와 파려의 일체 모든 빛이 부족함이 없이 자감마니와 같아서 겉속이 서로 비추어 사무치는 이마니의 광명이 공중으로 돌고 돌아서 마흔아홉 겹으로 변하여 미묘한 궁전이 되었는데 낫낫 난간이 만억 개의 범마니 보배로 한 가지 보배로 이루어진 바 난간난간 사이에서 자연으로 구억의 천자와 오백억의 천녀가 화하여 나와 모든 천자들 손 가운데 한량 없는 억만 가지의 칠보연꽃이 피어나오니 송이송이 연꽃 위에는 억만 가지의 광명이 있는 바 그 광명 가운데는 각종 음악의 기구가 갖추어져 하늘의 즐거운 음악이 자연으로 울리어 나오고 있느니라, 이 소리가 나오자 하늘 여자가 자연으로 음악 기구을 손으로 들고 일어나서 노래 부르고 춤을 추는데 노래 소리는 열 가지 착한 법이며 네 가지의 큰 서원을 연설함이니라. 하늘 사람들이 이를 듣고 무상도의 마음을 발하나니라.

때로는 공원 가운데 여덟 가지 빛으로 된 유리의 내가 있는 바 내마다 오백 가지의 맛을 가진 물이 있으니 여덟 가지 빛이 나면서 그물이 솟아 대들보 기둥 사이로 흘러가니 네 문 밖에는 네 가지 꽃이 피고 물 속 꽃은 보배의 꽃이 흘러가는 것 같거늘 송이송이 꽃위에는 이십사 天女人이 있는데 그 몸매 태도가 미묘해 모든 보살이 장엄하신 상호와 같음이로다. 또 天女들의 손 가운데에서 오백억의 보배 그릇에 화하여 나오니 그릇 가운데에는 하늘의 모든 감로수가 가득 차 있으며 우편의 어깨에는 한량 없는 보배영락을 메고 좌편 어깨에는 한량 없는 악기을 메고 구름 같이 허공에 머물러서 물 속에 소리가 나오니 보살의 여섯 바라밀을 찬탄하는 것이로다.

도솔천에 태어나면 자연이 이러한 天女가 모시게 되며 또한 칠보로 된 큰 사자의 좌대가 있으니 사유 높이는 모두 보배로서 장엄되었으며 그 좌대의 뿔 옆머리에는 네 가지의 연꽃이 피어 났으니 송이송이 연꽃이 백가지 보배로 이루어졌는데 백억의 광명이 나오느니라. 그 광명은 미묘하여 오백억의 보배 꽃으로 변화하여 보배의 장막을 장식 하였느니라.

때로는 백천이나 되는 범왕이 묘한 보배로 방울을 만들어 보배의 장막 위에 달며 적은 범왕이 하늘의여러가지 보배로써 그물을 만들어서 가득이 장막 위에 덮어 노으며 백천이나 되는 천자와 천녀의 권속이 보배의 꽃을 가지고 좌대 위에 베풀어 놓으니 모든연꽃에서 오백억의 보배 여자가 나와서 손에 하얀색 부채를 들고 장막 안에 모시고 서서 있느니라.

궁전의 네 귀퉁이에 보배 기둥이 있고 네 기둥에는 백천이나 되는 보배의 누각이 있어서 범마의 보배 구슬을 매달아 장식한 바 모든 각 사이에 백천의 하늘 여자가 있는데 그 미묘한 빛이 비길 데 없느니라.

손에 음악기구를 갖고 그 악기의 소리는 모든 것이 苦한 것이며 空한 것이며 무상한 것이요, 나에 집착함이 없는 것이며 모든 바라밀법을 연설함이니라. 이와같이 하늘의 궁전에 백억만의 보배와 빛으로 된 낱낱한 모든 여자는 또한 같은 보배의 빛으로 되어 있느니라.

시방의 모든 하늘신이 목숨을 마침에 도솔천에 나기를 원하느니라. 도솔천 궁에는 다섯 명의 높은 신이 있는 바 보당이라는 높은 신은 그의 몸에서 칠보가 비 내리듯 하여 궁전에 뿌리니 알알의 구슬이 음악의 기구로 변하여 허공 가운데 매달려서 스사로 울리어 많은 소리가 나오되 모든 중생의 마음을 맞추느니라. 제이신은 화덕이라 몸에서 모든 꽃이 비 나리듯 하여 궁전을 덮어서 보배의 산을 이루고 백천 가지의 당번으로써 인도하느니라.

제삼 대신은 향음이라 터럭 구멍에서 바다 언덕의 전단향이 비 나리듯 하여 향기가 구름 같으되 백 가지의 보배를 이루어서 궁전을 일곱 겹으로 둘러 있느니라.

제사의 대신은 희락이라 여의주의 보배 구슬을 비나리듯 하는 바 알알의 보배구슬이 스사로 당번 위에 머물러 있어 불법승 삼보에 귀의하는 것을 설하며 다섯 가지의 계법과 선법의 모든 바라밀을 설하여 보리에 뜻 있는 자을 이익하게 권하여 도와주는 일을 한다. 제오대신은 정음성이라 그의 몸 털구멍에서 맑은 물이 흐르매 방울방울 물 위에 오백억의 꽃이 있으되 낫낫 꽃 위에는 이십오 인의 옥녀가 있어 옥녀의 몸 터럭에서 일체의 음성이 흘러 나오되 천마후의 가진 바의 음악보다 훌륭하니라.

부처님께서 우바리에게 일러 말씀하시되

"도솔타천은 열 가지 착한 보응의 기절 묘묘한 복을 누리는 곳이라. 이제 너희들을 위하여 간략하게 설하리라. 비구 일체의 대중이 생사을 꺼려 하지 아니하고 하늘 낙을 원하는 자와 무상의 보리심을 사랑하고 공경하는 자며 미륵을 위하여 제자가 되고자 하는 자는 마땅히 이런 관을 지을지니라. 오계와 팔재구조 계를 받아 몸과 마음으로 정진하여 번뇌, 끈기을 구하지 말고 십선법를 닦아서 도솔타천상의 최상으로 미묘하고 쾌락한 것을 사유할지니라. 이런 관을 정관이라 이름하고 만일 다르게 관함을 사관이라 하느니라."

우바리가 즉시에 자리에서 일어나 의복을 정돈하고 합장 배례하고 부처님께 말씀을 사루되

"세존이시여, 도솔타천에는 미묘하고 즐거운 일이 있사오니 이 대사가 언제 이 염부제을 떠나 하늘에 태어나겠나이까?"

부처님께서 우바리에게 말씀하시되
"미륵이 먼저 바라나국 겁파리촌에 바바리라고 하는 대 바라문의 집에서 태어난 바 이후로 12년이 되는 2월 15일에 본가로 돌아가 가부좌를 하고 앉아서 멸정에 들어갈 것 같으면 몸이 자금색으로 되어 광명이 크게 빛나서 백천이나 되는 햇빛과 같아 도솔천에 이르느니라. 그 몸의 사리가 진금의 형상과 같아서 동하지도 흔들리지도 아니하여 몸의 뚜렷한 광명 가운데에 수능엄 삼매와 반야바라밀에 글자의 뜻이 빛나고 있으니 그때에 모든 인간과 천인이 즉시 보배 탑을 세워 사리에게 공양 하느니라. 그때에 도솔타천 칠보대 안에 마니보배로 꾸민 찬란한 궁전에 사자좌의 연꽃에 화생하여 좌정하니 몸이 염부단금의 색깔과 같으며 키는 십육순으로서 32이상과 80종호를 모두 구족하였느니라.

이마 위에는 육계가 있고 머리털은 감유리색이며 서가비 가마니 보배와 백천만억의 견숙가 보배로써 천관을 장식하였으니 그 관에서는 백억의 광명이 나타나며 낫낫 빛 가운데에 백천이나 되는 화신불이 계신 바 모든 보살이 모시게 되어 있느니라.

타방의 대보살이 18가지로 뜻대로 변화하여 천관 속에 머물러 있느니라. 미륵이 미간에 백호상의 광명이 흘러나와 백 가지의 보배을 이루며 32이상의 낫낫 가운데 오백광명이 낫낫 상호에 오백억 보배 빛이 낫낫 상호에 8만 4천의 광명 운이 이러나느니 모든 천자로부터 꽃좌에 주야 육시로 영원한 정법을 설하느니라.

이백억 천자로 하여금 아뇩다라삼먁삼보리을 성취토록 하여 그 법에서 물러남이 없나니 도솔천에서는 항상 법을 설하여 모든 천자를 제도함이니라. 염부제의 햇수로 오십육억 칠천세가 되면 염부제에 하생할지니 미륵하생경에 설한 바와 같으니라."

※ 도솔천의 시간 : 염부제 시간
　人間의 400年은 도솔천의 一晝夜다 故로 도솔천의 一晝夜(一日)는 즉 人間의 400년 一日은 30 = 30 × 400年, 一個年은 30일 × 12월 = 30 × 400년 도솔천의 수명 사천년 30 × 12 × 4,000년 = 5,760,000,000 석가에서 미륵 하생 즉 57억 6천만년이다.

석존의 방편설

　부처님께서 우바리에게 말씀하사되

"미륵보살이 염부제를 떠나 도솔천에 탄생함을 설한 것이니라. 부처님이 멸도 한 후에 나의 모든 제자로서 부지런히 정진하여 십선공덕을 수행정진하며 탑을 쓸고 꽃공양을 올리고 모든삼매를 행하여 경전을 독송할 것이며, 이와 같은 생각을 지닌 사람은 신통을 얻나니 항상 지극한 마음으로 비록 번뇌를 끊지 못해도 여섯 가지의 신통을 얻나니 계념으로 부처님의 형상을 생각하고 외우면 여덟 가지의 계제를 받고 정업을 닦아 크게 서원을 발원하면 사후에 잠깐 사이에 도솔천에 태어나서 연꽃 위에 좌정하리라. 또한 백천이나 되는 天子가 하늘의 풍악을 갖추고 만다라꽃과 꽃을 뿌리며 칭찬하여 말하기를 착하고 착하도다. 그대가 염부제에서 널리 복업을 닦았기에 이곳에 태어남이니라. 이곳은 도솔천이며 도솔천의 임금은 미륵이니라. 네가 귀의하여 공경 예를 함에 미간에 백호상을 보고 즉시에 구십억겁에 업장이 멸하여 없어짐을 얻나니라. 이때에 보살이 그 숙연을 따라서 보살이 묘법을 설하여 견고하고 무상한 도심에서 물러가지 않느니라. 중생이 만일에 행업이 조출하여 유사법을 행하면 반드시 의심할 바 없이 도솔천에 태어나 미륵을 만나보게 되며 또한 미륵불을 따라 염부제에 먼저 법을 들어서 미래세의 현겁에서 일체 모든 부처님을 뵈고 성숙겁에서 모든 세존을 뵈고 보리(菩提)을 이루는 수기(授記)를 받게 되느니라."

부처님께서 우바리에게 말씀하시되
"부처님이 멸도한 후에 비구, 비구니, 우바세, 우바니, 청룡야차, 건달바, 아수라, 가루라, 긴나라, 마후라가 등 온 대중이 미륵보살 마하살의 명호 듣기를 기뻐하고 공경, 예배하면 목숨이 마치면 즉시에 도솔천에 나서 앞에 말한 바와 다름이 없느니라.

다만 미륵의 명호를 듣기만 하는 자라도 사후에 어둔 곳이나 사악한 곳에 떨어지지 않나니 항상 정견을 내며 권속를 성취하며 삼보를 비방치 않느니라. 부처님께서 우바리에게 말씀하시되 선남선녀가 모든 금계를 범하여 각종 악업을 지었더라도 이 보살의 거룩한 명호을 듣고 오체 투구로 공경, 예를 하고 지성으로 깊이 참회하면 이 모든 악업이 속히 소멸하여 청정함을 얻느니라. 미래의 중생 가운데에 이 보살의 거룩한 명호를 듣고 상호를 조성하거나 향화나 의복공양하며 보개와 당번으로 장식하고 성심으로 예배하여 신앙하면 목숨을 마칠때 미륵보살이 미간 백호의 대인상 광명을 놓으사 온 천자로 더불어 만다라꽃을 비 나리듯 하면서 이 사람을 맞아 주시느니라."

이 사람이 잠깐 사이에 미륵을 만나 합장공경 예를 하고 머리도 들지도 아니한 사이에 문득 법를 듣고서 즉시 무상도에 물러가지 않음을 얻으며 미래세에 항하의 모래수 같은 부처님 여래를 친견함을 얻느니라. 부처님이 우바리에게 말씀하신 것이니 자세히 들어라. 이 미륵 보살이 미래세에 있어서 중생을 위하여 크게 귀의할 곳을 이룩함에 미륵보살에게 귀의하는 자가 있으면 무상도을 얻어서 미륵보살이 두루 바르고 바르게 깨침을 성취할 때 부처님의 광명을 보고 즉시에 수기(授記)를 얻느니라.

부처님께서 우바리에게 말씀하시되

"부처님이 멸도 한 후에 사부대중의 제자와 천용 귀신들이 도솔천에 태어나고자 하면 꼭 관을 지어서 계념하여 사유하대 도솔천을 생각하고 불의금계를 가져서 칠일을 십선을 깊이 생각하여 십선도를 행함이니라. 이

공덕으로 회향에 미륵의 앞에 태어나기를 원하는 자는 꼭 이러한 관을 지을지니라. 관을 짓는 자는 하나의 天人을 보고 연꽃을 보며 한 번 생각하는 계율에 미륵의 명호를 외우면 이 사람은 천이백 겁의 생사의 죄악이 소멸될 것이며, 다만 미륵의 명호를 듣고서 합장하고 공경만 해도 오십겁의 죄악이 소멸될 것이며, 미륵에게 공경하여 예배하는 자가 있으면 오백억 겁의 생사의 죄악을 소멸하게 되느니라.

설사 천국에 못 태어나도 미래세에 용화, 보리수, 아래에서 만남을 얻어 무상도을 얻을지니라. 이렇게 말씀을 설하실 때 한량없는 대중이 즉시에 자리에서 일어나 부처님 발에 예배하며 부처님과 미륵보살을 백천겁으로 둘러 있는 그 가운데 도을 못 얻은 자가 각각 서원을 하오니 우리와 천인과 팔부중은 이제 부처님 앞에서 서원을 발원하오니 여래의 세상에 있어서 미륵을 만나 이 몸을 도솔천에 태어나지이다. 세존께서 수기를 하여 가로되 너의 등이 미래세에 복을 닦으며 계행을 가지면 미륵보살을 만나 미륵보살의 섭수하시는 바가 되느니라."

부처님께서 우바리에게 말씀하시되

"이런 관을 행하는 자는 그 이름이 바르게 되는 관이요, 만일 다르게 행하는 자는 삿된 관하는 자이니라."

이때 아란존자가 일어나 합장하여 무릎 꿇고 부처님께 사루어 말하되

"세존이시여, 높으십니다. 세존이시여 상쾌하시게도 미륵이 있는 바의 공덕을 말씀하시고 미래세의 복을 닦은 중생이 얻는 바 과보를 수기하여 주셨나이다. 내가 이제야 따라서 즐거워 하나이다. 세존이시여, 이 법을 예유(禮裕)하는 바 어떻게 받아 가지며 이 경의 명칭을 무엇으로 하여야 되겠나이까?"

아란께 일러 말씀하시되

"너는 부처님의 말씀을 잘 간직하여 잊지 않도록 하여라. 미래세를 위하여 천상에 태어나는 길을 여러 정각이루는 상을 보였느니 부처님의 제자가 끊어지지 말게 할 지니라.

이 경의 명칭은 미륵보살이 열반에 드시는 경이며 또는 미륵보살이 도솔천상에 올라가서 태어나는 경을 관하여 보리심을 권발하는 경이니 받아 가질 지니라.

부처님께서 이 말씀을 설하실 때에 타방에서 모인

십만 보살이 능엄삼매를 얻었으며 팔만억의 모든 하늘이 보리심을 발동하여 모두가 미륵보살을 따라서 하생하기를 원하니라.

부처님이 이 법문을 설하실 때에 사부청용 제자이며 팔부중등이 부처님께서 설하신 바를 듣고 모두 기뻐서 환희하여 예를 올렸느니라."

十四. 미륵하생경(彌勒下生經)

석존께서 사위국의 기수급고 독원동산에 계시니 대비구승 천이백 명이 모임을 함께 하시었다. 그때에 아란이 웃깃을 오른 어깨에 올려 메고 양 무릎을 땅에 끓고 세존에게 사루어 말하되

"여래께서는 현명하고 영감하시와 살피지 못하는 일이 없으므로 과거, 현재, 미래, 삼세를 모두 통달하시므로 과거불 성자와 명호 제자와 보살이 얼마나 많고 적은 것을 모두 아시고 백 겁 천 겁 무수한 겁을 모두 관찰하시고, 또는 다시 국왕과 대신이며 백성의 성자를

능히 분별하시고, 현재의 국토나 경계가 얼마나 됨을 밝게 요달하여 아르시오니 장래에 미륵이 출현하여 진정한 등정각에 이르러 그 변천하고 제자가 따르는 것과 부처님의 국토가 풍족하고 안락하며 얼마나 되는 시기가 지날 것을 알고자 합니다.”

부처님이 아란에게 말씀하시니
“너는 자리에 돌아가 내가 설하는 바의 미륵이 출현하는 국토의 풍족하고 안락한 것이며 제자가 얼마나 많고 적은 것을 듣고 잘 생각하여 마음에 간직하여라.”
하시자 아란이 부처님의 가르치심을 듣고 즉시에 자리로 돌아가 앉아있는데, 세존께서 다시 말씀하시기를
“장래 오랜 후를 지나서 이 국토에 큰 도성이 있으니 이름을 가로되 게두라고 하는 바 동서가 십이 유순이요, 남북이 칠 유순이라. 토지가 풍족하고 백성이 충성하여 거리와 골목이 향토를 이루느니라.

성 가운데에 용왕이 있으니 이름이 가로되 수왕이라 밤이면 향수로 비을 내리고 낮이면 밝게 하며 화기롭게 하나니 이때에 계두성에 나찰귀가 있으니 이름이 가로되 엽하라 그가 행하는 법이 순수하여서 정법을

어기지 않고 백성이 잠이 든 후 살피어 추하고 악한 모든 부정한 자를 물리쳐 버리며 향즙을 땅 위에 뿌려 향기롭고 청정하게 하느니라.

아란아, 저때를 당하여 염부제의 대지가 동서남북이 십만 유순이라 모든 산하와 석벽이 스사로 소멸하여 없어지며 사대의 바닷물이 각각 동서남북이 정해져 있느니라. 그때의 염부제의 대지가 지극히 평탄하고 거울같이 밝고 깨끗하며 온 염부제의 대지 안에는 곡식이 풍족하여 백성이 충성하고 모든 보배가 많이 있으며 마을과 마을의 닭이 우는 소리가 서로 연접하여 있느니라, 이때 좋지 않은 꽃나무는 말라 없어지며 추하고 악한 것이 또한 스사로 소멸되어지고 그 남아 있는 과일나무는 향기롭고 가장 좋은 것이 그 땅에 피어나느니라.

저때에 기후가 화창하고 적당하여 사시의 계절이 순조로움으로 사람의 몸에 여러 가지 병환이 없으며 탐진치가 커지지 아니하고 평온하여서 모두 한 가지의 뜻으로 서로 보게 됨에 기쁘고 즐거워 하며 서로 향내 나는 그 언사가 똑같아서 차별함이 없는 것이 마치 울단월의 사람과 같이 차별이 없느니라, 이때에 염부제 내에 백성들의 키는 크고 적음의 차이는 있는데 음성만은 모두 동일하여 약간의 차별도 없느니라.

때로는 남자와 여자가 있어서 대변이나 소변을 보고자하면 땅이 스사로 벌어져 있다가 대소변을 다 보고 난 후에는 땅이 도로 합쳐 붙어지느니라. 저때에 염부제 안에는 자연이 쌀이 나는데 껍질이 없으며 극히 향기롭고 아름다워서 먹으면 병이 들어서 고생하는 법이 없느니라. 이른바 금은지보 자거마노 진주호박 등이 땅에 흩어져 있으나 주워 가는 사람이 없느니라. 이때에 백성들이 손으로 이 보배를 서로 들고 일러 말하기를 옛날에 사람들이 이 보배로 말미암아 서로 상하게 하고 해롭게 하여 감옥도 가고 무수한 고통을 받았던 것인데 이제는 이와 같은 보배가 쓸모 없는 돌조각과 같아서 아끼는 사람이 없게 되었느니라.

그때에 양커라는 법왕이 나타나서 정법으로 나라를 다스려서 칠보를 성취하니 이른바 칠보라고 하는 것은 금륜보, 마보, 주보, 옥녀보, 전병, 보수장보니라. 이에 이른바 정법칠보라 칠보로서 이 염부의 지역을 진압함에 무기를 쓰지 아니하여도 자연히 항복을 얻게 되어 있느니라. 이와 같이 아란아, 네 가지 보배의 창고가 있으니 제일에는 건타월국의 발보인과 모든 귀중한 보배와 기이한 물건이 많이 있어서 헤아려 계산할 수 없으며 제이에는 미제라국의 반주제장이니 또한 귀중한 보배가 많이 있으며 제삼에는 수나타 대국의 대보장이 있으니 또한 귀중한 보배가 많이 있으며 제사에는 바라국의 양카 대보장인 바 또한 귀중한 보배가 많이 있어서 그 수를 헤아리지 못하는데 이 네 가지의 보배창고가 자연하게 나타난 바 모든 창고를 지키는 사람이 각기 와서 임금에게 살우워서 말하되, '오직 원하오니 대왕이시여, 이 보배장에 있는 모든 물건으로써 빈궁한 사람에게 은혜를 베푸소서.' 하고 간청하니 저때에 양커 대왕은 이 보배를 주고난 후 앞으로는 재물에 대하여 다시 생각지 않으려는 마음이니라.

때로 염부제 안에는 자연히 나무 위에 의복이 생겨나서 극히 가늘고 부드러워서 백성이 취하여 입게 되니 마치 율단월의 사람이 생겨나서 입게 됨과 다름이 없느니라."

저때에 임금님이 큰 신하가 있는 바 이름이 수범마

라. 이 임금님이 어렸을 때에 서로가 친하게 지냈음으로 임금이 심히 사랑하고 공경하며 또한 얼굴의 모양이 단정하며 키가 크지도 작지도 아니하고 살이 찌고 마르지도 아니하며 얼굴색이 희지도 검지도 아니하였으며 나이가 늙지도 어리지도 아니하여 원만한 바인데 시집을 가느니라. 아기를 옆구리로 탄생하니 미륵이라 이름 하느니라.

저때에 미륵 보살이 집에 있다가 얼마 되지 아니하여서 홀연히 집을 떠나 도을 배움에 계두성의 집에 멀지 아니한 곳에 도수라는 나무가 있으니 그 나무 이름를 룡화라 하는데 높이가 일 유순이요. 넓이가 오백 자옥인 바 미륵이 그 나무 아래 앉아서 무상의 도과를 이루어 그날 밤중에 이르러 미륵이 집을 떠난 그밤에 무상도를 이루니라.

그때을 응하여 삼천대천 세계에 여섯 번이나 우레가 진동하니 지신들이 서로 알리기를 이제야 미륵이 부처님의 도를 이루셨도다.

그 소리가 굴려서 사왕 천중에 들리며 또한 미륵이 이미 불도을 이루었다. 이 소리가 퍼지고 퍼져서 삼십삼천과 염마천과 도솔천이며 화락천과 타화자재천과 내지 범천에 이르기까지 전하여 졌느니라. 미륵이 이미 불도를 이루니 저때에 마왕이 있으매 이름이 대장이라 법으로써 욕망의 세계를 다스려 오더니 여래의 이름을 전해 듣고 즐거워하며 기뻐하여 춤을 추고 뛰면서 기쁨을 이기지 못해 칠일 동안 낮과 밤으로 졸지도 자지도 아니하고 욕계의 무수한 부하를 거느리고 미륵불소에 이르러서 공경히 예배를 드리는데 미륵 성존께서는 모든 사람과 신으로 더불어 점점 법의 오묘한 이치를 말씀하시니 말씀하시는 바로는 보시(報施) 말씀과 계행 지키는 말씀이며 하늘에 가서 태어나는 말씀이 욕심은 부정한 생각이라고 하시면서 오묘하신 법문을 하시더라.

또 저때에 미륵 성존께서 이 모든 백성이 이미 발심하여 환희하는 것을 보고 모든 부처님 세존께서 항상 설법하신 고(苦)와 집(執)과 진(嗔)과 도(道)를 모든 천인으로 더불어 널리 그 뜻을 분별하여 설하시느니라.

저때에 좌상에 있는 팔만 사천의 천자가 모든 진구를 다하여 가지고 법안에 청정함을 얻으니 그때에 대마왕이 저 세계에 백성들에게 일러 가로되

"너희들은 속히 출가하여라."

말하면서

"그러한 자는 미륵이 오늘날에 이미 피안으로 제도하였으며 또는 당래에도 너희들을 제도하여 하여금 피안에 이르게 하시느니라."

하니 저때에 계두성 중에 한 장자가 있으니 그 이름이 선재라. 마왕의 교령을 듣고 또는 부처님의 음성이 전하여 오는 것을 듣고서 팔만 사천의 무리를 거느리고 미륵부처님이 계신 곳에 이르러 머리로써 부처님의 발을 향하여 예하고 한 편에 가서 앉아 있으니 저때에 미륵이 점점법의 미묘한 논을 말씀하시니 보시를 하는 이치와 계행을 가지는 이치며 하늘에 태어나는 이치니 욕심은 부정한 생각임으로 망념을 낼 지라. 저때에 미륵성존께서 모든 백성의 마음이 열리고 뜻에 알게 됨을 보고 모든 부처님 세존이 항상 설하신 바의 법과 같이 고집 진과 도를 모든 천인을 널리 그 뜻을 분별하여 설하시느니라.

그때에 좌상에 있는 팔만 사천인이 모든 티끌과 때가 다하여 없어지고 법의 눈이 청정함을 얻었느니라. 이때에 선재가 팔만사천의 사람들로부터 그 앞에 나가서 부처님에게 사루어 말하고 출가함을 구하여 법행을 잘닦아 아라한의 도과를 얻었나니라. 저때에 미륵의 첫 모임에서 팔만 사천 인이 되는 아라한과을 얻음이니라. 이때에 앙카왕이 미륵이 이미 불도 이룸을 듣고 문득 부처님 계신 곳에 가서 법을 듣고자 할 새 그때에 미륵이 왕으로 더불어 법을 설함에 처음에나 중간에나 착한 것이며 끝으로도 선함으로써 뜻과 이치가 심히 깊은 바이니라.

저때에 대왕이 시기를 달리 하여 그의 아들 태자를 세워 임금을 삼은 후에 삭발하고 스승에게 귀중한 보배을 보시하고 다시 법지에게 모든 보배를 베풀어 주고 팔만 사천의 무리로 더불어 부처님의 계신 곳에 가서 사문 되기를 구하여 가지고 모두가 도과를 이루어 아라한의 성취를 얻었느니라. 이때 수범마 장자가 미륵 부처님이 불도 이루심을 듣고 팔만사천의 범지무리를 거나리고 부처님을 친견하고 사문이 되기를 구원하사 아라한과를 얻었는 바 오직 수범마 한 사람만은 세 가지의 인과를 끊고 사명을 이뤄 반드시 모든 고를 소멸했느니라.

이때 미륵부처님 어머니이신 범마월이 팔만 사천의 채녀를 거느리고 부처님 처소에 이르러 사문 되기를 구하여 모든 여자가 다 아라한이 되었는 바, 오직 범마월 한 사람만은 세 가지 결사를 끊고 수다원과를 얻었느니라. 그때에 찰제리의 부인들이 미륵불이 등정각을 이룸을 듣고 수천만의 무리가 부처님 처소에 이르러 오체투구하고 한 편에 앉아서 각각 마음으로 사문이 되기를 구하되 출가하여 도를 배우고자 하는 자와 혹은 증득을 취하지 않는 자도 있느니라.

저때에 미륵이 삼승를 말하니 내가 이제 말하는 것과 같으니라. 제자 가운데 대가섭은 열두 가지 두타를 행하고 과거의 모든 부처님 계신 곳에서 범행을 잘 닦았으므로 마땅이 미륵불을 잘 도와서 모든 백성를 권하여 교화 하느니라.

저때에 가섭이 여래께서 가실 때가 머지 아니하여 가부좌를 하고 앉아서 바른 몸과 바른 뜻으로 생각을 몰아 그 앞에 앉아 있는데 세존께서 말씀하시되
"내가 이제 나이가 이미 쇄진하여 팔십이 되어간다. 그러나 사대의 성문이 있어 맡은 임무를 잘 견디어 널

리 교화함으로 지혜가 다함이 없이 무궁하며 여러 가지 위덕은 구족하여 있느니라. 그리고 네 비구인 대가섭 비구와 군도발탄 비구와 빈두로 비구와 라운 비구니라. 너의 사대 성문은 요하건대 열반에 들지 말고 모름지기 나의 법이 멸하여 없어진 후에 마땅히 열반에 들지니라. 대가섭은 열반에 들지 않고 미륵이 세간에 출현을 기다리나니 미륵이 제도할 바의 제자는 모두가 석가여래의 제자로써 내가 교화하여 준 것을 힘입어 모든 유루을 다하였나니 마갈타국의 비제촌 마을 가운데에 대가섭이 저 산 가운데에서 머물러 있느니라.”

미륵 여래가 무수한 백성을 거느리고 앞뒤를 들려서 그 산 가운데에 이르니 마침 부처님의 은혜를 힘입어 모든 선신이 마땅히 그 문을 열어 줌으로써 가섭이 선정에 들어있는 굴 속을 보게 되니 이때에 미륵이 오른손을 펴서 가섭을 가르키면서 모든 백성들에게 가로되

“이 사람은 과거 오랜 옛적에 석가불의 제자로써 대가섭인대 오늘 두타고행이 제일이라 하느니라. 이때 이런일을 보고 일찍기 없던 일을 보고 찬탄하고 수가 없는 백천 중생이 모든 진구를 모두 버려서 법안이 청정함을 얻었으며 혹 어떠한 중생은 가섭의 몸을 보았나

니 이것을 최초의 법회로 이름하여 구십 육억 인이 아라한을 얻었노라.

이런 사람들은 나의 제자니라. 이런 공덕을 받는 것은 나의 교훈을 받은 소치이며 또한 네 가지의 일을 행한 인연과 은혜를 베풀고 어질게 사랑하여 중생을 이익하게 해 준 그 은혜로 말미암아 생긴 일이다. 아란아 저때에 미륵 여래가 반드시 가섭의 승가리 가사를 만들어 입고 있을 때 가섭의 몸이 문득 별이 되어 흩어지니 그때에 미륵이 또한 각종 꽃과 향으로써 가섭에게 공양하느니라.

이런 일이 있는 것은 모든 부처님과 세존이 정법에 공경하는 마음이 계신 증거니라. 미륵이 또한 나에게 정법의 교화를 받은 것은 무상하고 올바르고 참다운 도(道) 이룸을 얻었느니라.

아란아, 마땅이 알 일이 있느니라. 미륵불의 제이 법회에서 구십 사억 인이 아라한 됨을 얻게 되는데 나의 교훈을 받은 제자들이니라. 이들도 사사 공양을 몸소 행한 공덕을 받음이니라. 또 일러두노니 미륵의 제 삼 법회에 구십 이억 인이 아라한의 보를 얻음에 또한 이것이 나의 교화를 받은 제자이니라.

저때에 비구의 성호를 모두 가로되 자씨(慈氏)의 제자라고 하나니 내가 오늘날에 모든 성문을 다같이 석가의 제자라고 하는 것과 같으니라.

저때에 미륵이 모든 제자를 위하여 법을 설하되 너의 등 비구는 떳떳함이 없는 생각과 즐거움에는 고가 있는 생각과 나를 혜아림에 나라고 할 것이 없는 생각과 실로 있는 것이 공한 생각과 색깔이 변하는 생각과 퍼렇게 멍이 드는 생각과 배가 부른 생각과 먹는 것이 소화가 되지 않는 생각과 고름과 피가 흐르는 생각과 모든 세간이 가히 즐겁지 아니한 생각을 깊이 생각하여라. 하시고 이러한 생각을 비구야 마땅히 알아라. 이 열 가지의 생각은 모두가 과거에 석가 부처님께서 너희들을 위하여 말씀하시어 모든 탐욕을 씻고 해탈을 얻게 하신 것이니라.

만일에 이 무리 중에는 석가모니 제자로 과거 시에 선행을 닦아가지고 나의 곳에 왔으며 혹은 석가모니 불소에서 그 법을 받들어 가지고 내 곳에 왔으며 혹은 석가모니 불소에서 삼보 공양을 하고 나의 곳에 왔으며 착한 근본을 닦아 이곳에 왔으며, 혹은 석가모니 불소에서 사등심을 행하고 혹은 오계와 삼귀의법을 받아 거나 혹은 사찰을 건립했거나 혹은 법당을 중수하고 나의 곳에 온 자며 혹은 팔관 제법을 받았거나 혹은 향과 꽃으로 공양하고 나의 곳에 온 자며 혹은 법문을 듣고서 슬피 울어 참회의 눈물을 흘리고 나의 곳에 온 자며 혹은 석가모니 불소에서 정법을 듣고 나의 곳에 온 자며 혹은 몸과 목숨이 다하도록 선한 계율을 지키다가 나의 처소에 온 자며 혹은 경전의 법문을 글자로 쓰고 읽으며 외우고 나의 곳에 온 자며 혹은 부처님을 섬기며 공양하고 나의 곳에 온 자니라."

미륵이 또 잠시 계송으로 설하며 말씀하시기를
"계행을 가지고 법문을 들은 덕이 선정과 사유하는 업을 오로지 올바르게 생각하는 일을 점점 이롭게 하여 잘 범행을 닦아서 나의 곳에 왔으며 권하고 베풀어서 즐거운 발심으로 닦아서 약간 생각하고 나의 곳에 왔으며 평등한 마음을 발하고 자 모든 부처님을 받들어 모시고 온 성현에게 공양하고 나에게 왔으며 계행과 계경을 잘 익히며 불법의 근본을 널리 베풀어 나의 곳에 왔으며 불자를 잘 교화하고 모든 사리에게 공양하며 법 공양애 승사하고 이제 나의 곳에 왔으며 경전을 세상에 발표하고 그에 공양을 하는 자가 모두 나의 곳에 왔으며 진귀한 물건으로 탑사에 공양하며 불법승 삼보을 염송하매 나의 처소에 왔으며 과거, 현세, 미래 불께 공양하는 자는 선정이 평등하고 불심이 강한 연고로 정법으로 삼보을 섬기어서 반드시 이곳에 왔느니라 하시느니라.

아란아, 또 알려줄 일이 있으니 미륵여래가 저 대중 가운데 앉아서 마땅히 이계를 설함에 그때에 대중 가운데에 있는 모든 하늘과 백성이 청정함을 얻었음으로 미륵여래가 천년 가운데 온 제자가 이의함이 없이 항상 한 말씀으로 경계를 하시느니라.

입과 뜻으로 악한 것을 행하지 말고 몸도 잘못을 저지르지 말고 이 삼업의 악한 행실을 버리고 속히 생사관을 벗어날 지니라. 천명 후 계행을 범하는 계를 무시하고 잘못을 저지르는 사람이 있어서 다시 계율을 세울지니 미륵여래가 수명이 팔만 사천 세가 되리라. 열반에 든 후에 법을 유전하는 기간이 또한 팔만 사천 세가 되리라.

저때에 중생이 모두 재주가 있나니라. 그때에 선남

선녀가 미륵불님 뵙기를 원하여 세 번째로 온 중생으로 더불어 법회를 갖는 가운데 삼회의 성문 계두성에서 양카왕이며 아울러 있을 때 사대 창고의 진보와 먹고자 함에 자연히 쌀이 생기며 입고자 함에 자연 의복이 생기어 나는 것과 몸이 무너지고 수명이 다해 천상에 태어나는 것을 얻어 보고자 하는 것이니라.

저 선남자와 선녀인이 마땅히 근면하게 정진하여 태만치 않으며 또한 모든 법사에게 공양하고 받들어 청정불도량에 공양을 드림이 끊어지지 않느니라. 이와 같음이니 아란아 마땅히 이러하게 배움을 지을지니라."
하시니 저때에 아란과 및 모든 대회의 무리는 부처님께서 설하는 바를 듣고 환희하여 받들어 행하니라.

十五. 아침종송(朝禮鍾頌)

慈道光 이십 년 전 종송 번역을 을미년에 출간함에 감회가 깊다.

종송(鍾頌)은 미망에 빠진 모든 중생들의 깊은 잠을 깨워주며 지옥에서 고통받는 중생들에게 극락세계의 장엄을 일러주어 삼보에 귀의할 수 있게 발원하도록 하는 의식으로써 새벽 어둠이 깊을 때 절에서는 하루 일과가 시작된다. 절에 도량석을 돌고 새벽 예불을 모십니다. 새벽의 맑고 고요한 공기를 가슴 깊이 마시며 시작하는 스님들에게는 매일의 평범한 일과이지만 불자들에게는 쉽게 접하기 힘든 특별한 경험이 될 것이다. 새벽에는 바람조차 고요히 잠을 잔다. 하지만 새벽은 먼 동이 곧 떠오를 시간, 가슴에 희망의 설레임을 간직하고 삼라만상이 잠든 시간, 그러면서도 조금씩 깨어나는 시간, 어둠과 밝음이 교차되는 새벽 시간은 하루의 24시간 중 수행의 황금시간이다.

새벽 예불에 앞서 도량석을 돌고 종송를 올린다.
졸린 눈을 비비고 새벽예불에 참여하는 불자들은 그저 일어나라는 종소리로 들릴지 모르나 그 종소리에 담긴 뜻을 알면 아주 새롭게 느껴질 것이다.

원차 종송 변법계 (願此 鍾聲 遍法界)
철위 유암 실개명 (鐵圍 幽暗 悉皆明)

삼도 이고 파도산 (三途 離苦 破刀山)
일체 중생 성정각 (一切 衆生 成正覺)

이렇게 시작되는 뜻은 원컨대 이 종소리 법계에 두루 퍼져 철위산의 그윽한 어두움을 다 밝아지게 하오며 지옥 아귀 축생들의 고통 여의고 도산지옥 파계되어 일체 중생이 바른 깨달음을 얻어지이다.

종, 북, 목어, 운판을 불전사물(佛殿寺物)이라 하는데, 북은축생 목어는 수생, 운판은 날짐승을 제도하는바, 그중 종소리는 위로는 33천국에 이르고 아래로는 18층 세계에 이르러 중생들을 제도한다 하는데 가장 위력 있는 소리이다.

아침을 깨우는 종소리에는 이처럼 지옥을 밝히고 삼악도의 중생이 겪는 괴로움을 없애 주고 결국에는 성불토록 하여 달라는 간절한 기원이 담겨 있다. 아침 잠에서 일어나라는 기상소리로 가볍게 들을 것이 아니라 인생 깊은 미망에서 일어나라는 정진의 의미로 새겨들어야 할 것이다.

十六. 에밀레종(聖德大王神鐘)

신라 37대 경덕왕은 귀족들로부터 왕권을 수호하고 국태민안을 위해 부처님에 원력를 얻고자 봉덕사에 국운의 불사로 큰 종을 주조하라 명령했다.

모든 신하들과 주지스님이 단합하여 당대의 명장 일전이란 사람을 찾아 드디어 종이 완성되었다. 그런데 주지스님이 힘껏 종을 쳤으나 소리가 나지 않았다. 경덕왕이 직접 쳐 봐도 소리가 나지 않았다.

"아무래도 정성이 부족하여 부처님께서 노하신 것 같소. 그러니 다시 시주를 거두어서 더욱 정성을 들여 만들도록 하시오."

왕명이라 보덕사의 스님들은 전국을 누비며 시주를 받기에 바빴다.

그동안 경덕왕은 별세하고 종 만드는 불사는 계속되었는데 하루는 봉덕사 주지스님의 꿈에서 시주를 받으러 갔는데 아이를 안은 엄마가

"시주는 없고 애기나 가져 가시오."

했다는 것이다.

그 말이 씨가 되어 결국 아이를 대종에 넣어 주조해

서 다시 만들게 되었다. 이번에도 왕이 보는 앞에서 주지스님은 힘껏 종을 쳤다. 그런데 맑은 종소리 속에서 '에밀레'하는 아기 울음 소리가 섞여 나오는 것이었다.

그 소리는 마치 애기가 어머니를 애타게 찾는 듯한 소리로 들렸고 그래서 이 종은 에밀레종이라고 불리우게 되었다.

이 종은 성덕대왕신종(봉덕사큰종)으로 우리나라에서 제일 큰 종이고 세계적인 예술 걸작품이다. 국보 29호인 이 종은 신라 전성기인 최대의 걸작으로 혜공왕 6년에 완공되었으며 333(높이)×227(구경) ×709(둘레)㎝이다. 종 몸통에는 다음과 같은 명문(銘文)이 새겨져 있다.

무릇 지긋한 (道)는형상밖의 모든것을 포함하는지라 보아도 능히 그 근원을 알지 못하고 크나 큰 소리가 천지를 진동하나 능히 들어도 그 소리 듣지 못하도다. 그러한 까닭에 가설을 의하여 진리의 오묘한 이치를 내걸어 일승법의 두루한 이치을 깨닫게 하도다.

대단한 글이로다!

종 하나에도 신묘한 대승불법의 이치가 깃들어 있고 한없는 정성이 담겨 있다. 이런 마음으로 종을 만들었기 때문에 천삼백 년이 지난 지금도 신비하고 거룩한 소리가 나는 것이다.

비로자나 교주이신 화장세계 자존께서
보배같은 계송으로 팔만사천 묘법펴니
티끌마다 서로섞여 국토마다 원융무애
십조구만 오천사십 팔자   일승원교
대방광불 화엄경에 지심귀명 하옵니다.

　제일게(第一偈)
若人慾了知　三世一切佛　應觀法界性　一切唯心造

과거 현재 미래세의 모든 부처님 깨달으신
알고자 하면 마땅히 법계성품 관찰하옵소서
모든 것은 이 마음이 지어냄이라.
원하오니 이 내 몸이 다할 때까지 아미타불
부처님만 항상 떠올려 마음마다 옥빛광명
항상 이어져 생각마다 금색상이 빛나지이다.
염주잡고 일심으로 법계 관하니 허공으로 노끈삼아

모두 엮어서 어느 것도 빠짐 없이 비로자나
부처님과 서방정토 극락도사 아미타불 귀의합니다.
나무서방 대교주 무량수 여래불 나무아미타불 (열번)

十七. 극락세계 십종장엄(極樂世界 十種莊嚴)

법장비구 서원세워 인행닦아 장엄하고 마흔여덟
원력으로 거룩하게 장엄하며 아미타불 명호로써
무량수명 장엄하고 세분스승 큰성인께 보배상호
장엄하며 미타국토 무진법문 안락으로 장엄하고
보배강물 맑고맑아 공덕수로 장엄하며 낮과밤의
무한시간 길고길게 장엄하며 스물네개 기쁨으로
극락정토 장엄하고 서른가지 이로운일 공덕으로
장엄했네 나무아미타불

다생부모 열 가지 큰 은혜(多生父母 十鍾大恩)

열달동안 뱃속에서 품어주신 크신 은혜

낳으실때 괴로움을 겪으시는 크신 은혜
자식낳고 모든시름 잊으시는 크신 은혜
좋은것만 가리어서 먹여주신 크신 은혜
젖먹이고 다독거려 키워주신 크신 은혜
더러운것 깨끗하게 씻어주신 크신 은혜
집을떠나 먼길가면 걱정하신 크신 은혜
자식위해 거짓으로 악업지은 크신 은혜
어른돼도 어여쁘게 여겨주신 크신 은혜
나무아미타불

오종대은 명심불망(五種大恩 銘心不忘)

나라백성 편안하게 다스리는 국가은혜
나고기른 노고속에 하늘같은 부모은혜
참되어라 바르거라 정법유통 스승은혜
의식주를 베풀어서 살펴주는 시주은혜
갈고닦아 이끌어서 성공시킨 친구은혜
이은혜를 갚기위해 염불발원 하옵니다
나무아미타불
아미타불 부처님은 어느곳에 계시는가
마음깊이 새겨두고 간절하게 잊지마라

생각생각 다하여서 무염처에 이르면은
여섯문의 어데서나 금색광명 보게되리
나무아미타불
첩첩산중 푸른산은 아미타불 법당이요
망망대해 푸른바다 부처님의 적멸보궁
세상만사 어데에도 마음따라 걸림없네
몇번이나 솔정자에 홍학머리 붉었던가
나무아미타불
서방정토 극락세계 만월같은 얼굴가진
금색몸과 옥빛광명 온허공을 비추나니
누구든지 한결같이 그명호를 부르면은
무량공덕 순식간에 또렷하게 이루리라
나무아미타불
삼계윤회 두레박이 오르내림 같은지라
백천만겁 지나도록 벗어나기 어렵구나
이몸받은 금생안에 도를얻지 못한다면
언제다시 생을받아 이내몸을 구제하리
나무아미타불
사바세계 티끌수를 마음으로 헤아리고
바람묶는 재주라도 부처님의 크신공덕
말로설해 다못하리

나무아미타불

산속암자 밤깊도록 좌선삼매 말없으니

적적하고 고요하여 본래자연 그자리라

어언일로 서쪽바람 나무숲을 움직여서

겨울창천 울고가는 찬기러기 울음소리

나무아미타불

보신화신 참이아닌 망연인줄 법신청정

그자리가 넓고넓어 끝없어라 일천강에

물있으니 일천강에 달이뜨고 만리장천

구름없어 만리하늘 푸르러라

나무아미타불

천상천하 다보아도 오직한분 부처님은

시방세계 견주어도 비교할데 가이없네

세상천지 있는바를 제가모두 살펴보니

부처님과 같으신분 이체처에 다시없네

나무아미타불

세존께서 설산중에 들어가신 그이후로

한번앉자 여섯해가 지나감을 모르셨네

밝은샛별 봄으로써 깨달았다 하시더니

그한소식 깨친말씀 온세상에 두루하네

나무아미타불

나무문수보살 나무보현보살 나무관세음보살
나무대세지보살 나무금강장보살 나무제장애보살
나무미륵보살 나무지장보살
나무 일체 대해중 보살 마하살

원하오니 시방법계 한량없는 모든중생
아미타불 원력바다 모두함께 드러지다
시방삼세 부처님중 아미타불 제일이니
구품대로 위덕또한 다함없네 제가지금
귀의하여 삼업의죄 참회하고 모든복덕
모든선을 지심회향 하나이다 원하오니
염불불자 극락세계 모두나서 부처 뵙고
생사깨처 중생제도 하사이다

아미타불 본심미묘진언 다냐타
옴 아리다라 사바하 (3번)
원하오니 이공덕이 모두에게 두루미처
저희들과 중생들이 극락세계 태어나서
무량수불 함께뵙고 모두성불 하여지이다

十八. 저녁 종송

이종소리 듣는이들 온갖번뇌 끊어지고
밝은지혜 자라나서 무상보리 생겨지이다
지옥고통 사라지고 삼계고해 벗어나서
원컨대 일체중생 성불하여지이다

파지옥진언(破地獄眞言)
옴 가라지아 사바하 (3번)

十九. 서산 대사 해탈시

근심 걱정 없는 사람 누군고
출세 하기 싫은 사람 누군고
시기 질투 없는 사람 누군고
흉 허물 없는 사람 누구겠소

가난하다 서러워 말고
장애 가졌다 기죽지 말고
못 배웠다 주눅들지 마소
세상살이 다 거기서 거기외다

가진 거 많다 유세 떨지 말고
건강하다 큰 소리 치지 말고
명예 얻었다 목에 힘주지 마소
세상에서 영원한 것은 없더이다

잠시 잠깐 다니러 온 이 세상
있고 없음을 편가르지 말고
잘나고 못남을 평가하지 말고
얼기설기 어울려서 살다나 가세

다 바람 같은 거라오
뭘 그렇게 고민하오
만남의 기쁨이건 이별의 슬픔이건 다 한 순간이오
사랑이 아무리 깊어도 산들바람이고
오해가 아무리 커도 비바람이라오

외로움이 아무리 지독해도 눈보라일 뿐이오

폭풍이 아무리 세도 지난 뒤엔 고요하듯
아무리 지극한 사연도 지난 뒤엔
쓸쓸한 바람만 맴돈다오 다 바람이라오

버릴 것은 버려야지
내 것이 아닌 것을 가지고 있으면 무엇 하리오
줄 게 있으면 줘야지 가지고 있으면 뭐하노

내 몸도 내 것 아닌데
삶도 내 것이라 하지 마소
잠시 머물다 가는 것 뿐인데
묵혀 둔다고 그냥 오겠소
흐르는 세월 붙잡는다고 아니 가겠소
그저 부질 없는 욕심일 뿐

삶에 억눌려 허리 한 번 못 피고
인생 계급장 이마에 붙이고
뭐 그리 잘났다고 남의 것 탐내시오

환한 대낮이 있으면 까만 밤하늘도 있지 않소
낮밤이 바뀐다고 뭐 다른 게 있겠소
살다 보면 기쁜 일도 슬픈 일도 다 있는 것

잠시 대역 연기하는 것일 뿐

슬픈 표정 짓는다 하여 뭐 달라지는 게 있소
기쁜 표정 짓는다 하여 모든 게 기쁜 것만은 아니오

내 인생 네 인생 뭐 별 거랍니까
바람처럼 구름처럼 흐르고 불다 보면
멈추기도 하지 않소 그렇게 사는 겁니다

삶이란 한 조각 구름이 일어남이오
죽음은 한 조각 구름이 없어짐
구름은 본시 실체가 없는 것
죽고 살고 오고 감이 모두 그와 같도다

생야 일편 부운기 (生也 一片 浮雲起)
사지 일편 부운기 (死地 一편 浮雲起)
부운 자체 본무실 (浮雲 自體 本無實)
생사 거래 역여연 (生死 去來 亦如然)

*서산대사께서 입적하기 직전 읊은 해탈시

2014. 4. 8 慈道光 옮김

二十. 중국 순치황제 출가시

　　중국 순치황제는 중국 청나라 셋째 황제로 우리나라로 보면 세종대왕 같은 분이다.

　　신라시대 법흥왕도 출가하였고 진흥왕의 왕비도 출가하였다. 진흥왕의 법호는 法空이고 왕비의 법호는 법류였던 바 부부가 출가하여 수도함에 많은 불사로 신라에 불국토를 이룬 초석이 되었다.

　　이렇듯 숙세의 선근있는 사람은 왕도 마다하고 재산도 명예도 뿌리칠 수 있는 것이며, 우리 현세 사람들에게 많은 교훈과 격려를 준다.

　　중국의 순치왕은 한국의 30배 되는 넓은 청나라를 통일하고 18년이나 왕위에 올라 천하을 호령하며 부귀영화를 누리다가 불법을 만나 왕도 마다하고 출가하여 스님이 되었으니 이는 대단히 어려운 일이다.

　　천하 산중에는 먹을 것이 두루 있어
　　발우 들고 가는 곳에 음식 걱정 할 것 없네.
　　이 세상에 귀한 것이 황금백옥 보배 아니로다.
　　어렵고도 제일인 건 부처님의 가사입는 일이구나!

태어날때 기뻐하고 죽을때는 슬프지만
공(空) 가운데 부질없이 돌아가는 인간이요.
그래로도 오는것도 가는것도 아니런가?
기쁜 것도 슬픈 것도 또한 역시 없는 거네.
오호라! 사해 천지간에 가장 높은 손님되어
불전(佛殿)에서 소요하니 임금살이 부럽지 않다.
도에 들어 추가함이 용이하다 하지마라.
예로부터 누더기옷에 억천만년을 선근쌓은 공덕이니라.

二十一. 신라의 자장율사

　삼국 유사에 기록된 바와 같이 신라의 고승 자장율
사의 부친인 김무량(속명)은 신라 진골로서 높은 관직
에 있었다. 불법에 귀의해서 불심이 돈독했던 김무량은
슬하에 자식이 없었다. 그래서 천수천안 관세음보살상
를 조성해서 모시고 자식을 점지해 주십사고 매일 기
도를 했다. 그러던 어느날 부인의 꿈에 별이 품에 들어
오는 태몽을 꾸고 임신하여 아들을 얻으니 석가 부처

님의 탄신일과 같은 4월 8일이었다.

　　그렇게 태어난 자장은 천품이라 마음이 맑고 천재의 머리로 세속에 물들지 않았으며, 사리판단이 뚜렷해서 신동이라 했다. 부친이 별세하자 고독에 잠겨 이 세상이 무상함을 느끼고 불문에 출가하여 원영사를 창건하고 불철주야 용맹정진으로 진리을 터득한 바 더욱 많은 불사을 하면서 수행정진하여 나라에 명성이 알려지자 선덕왕이 재사를 만들고자 칙명를 내려 3번이나 불렀으나 응하지 않자 이번에는 장군을 보내 목을 치라 엄명을 내렸다.
　　자장은 왕의 엄명을 듣고나서
　　"내가 차라리 계(戒)을 지키고 하루을 살지언정 계를 깨트리고 백 년을 행복하게 살기을 원치 않노라."
　　하고는 목을 길게 내미니 장군이 대범한 자임을 인식하고 목을 못 치고 그냥 돌아가서 왕께 고(告)하니 왕은 결국 출가 수도함을 허락하였다.

　　그는 깊은 산속에 들어가 피나는 수행정진으로 날짐승과 범이 향초을 꺾어주어 받아 먹고 수행하니 드디어 견성(見性)하여 많은 제자들을 배출하고 제도하였고, 선덕여왕의 신심을 얻어 십여 명의 도반과 당나라로 떠났라는 칙명을 받았다. 자장은 먼저 문수보살이 머문다는 청량산으로 들어가 문수보살의 소상 앞에 엎드려 감응하여 주심을 정성껏 기도한 바 드디어 문수보살의 헌신으로부터 감응를 받고는 당나라 서울 장안으로 향했다. 당명왕 당태종은 사신으로부터 그의 소식를 듣고 극구 칭찬하며 불편 없이 칙사 대접을 하였다.

어느날 장님이 찾아와 자장율사의 설법을 듣고 발심 참회하던 중 봉사의 눈을 뜨게 한 일이 있었다.

그후 수천명의 구도자가 물밀듯 찾아 왔다.

그때 신라는 위급한 현실에 왕은 자장을 보내줄 것을 당태종께 요청한 바, 당태종이 신라을 침략할 것을 자장은 알고 급히 서둘러 7년만에 귀국하니 많은 선물과 불경, 불상, 불사리, 백여 과를 모시고 지금의 전북 고창군 고수면 은사리 90-1에서 기도하여 문수보살을 친견하고 그 자리에 문수사을 창건한 바 그 자리가 그 자리가 당나라 淸凉山과 비슷하다 한다.

자장율사는 왕의 돈독한 신임으로 충성을 다해 나라를 구하고, 삼국통일의 초석인 분황사 황룡사 9층탑 등을 건립하였고, 국력를 키우려 國民이 佛子가 되어 자장율사를 위시해서 일체화합하고 대국통의 높은 직위로 승려를 통일하였으며 전국 명당지에 불사리를 봉안하는 등 수많은 불사를 하였다.

삼보사찰 (해인사 통도사 송광사)
오대보궁 (봉정암 적멸보궁 통도사 정암사 법흥사)

二十二. 조석례경(朝夕禮敬)

봉현일편향 덕용난사의 엽부오수미. 근반진사계 헌향진언 옴바아라 도비아훔 (3說, 半拜)

지심귀명례 현거도솔 당강용화 자씨미륵존여래불 (一拜)
지심귀명례 복연증승 수량무궁 자씨미륵존여래불 (一拜)
지심귀명례 원력장엄 자비광대 자씨미륵존여래불 (一拜)
고거도솔허제반 원사용화 조우난 백옥호휘 충법게
자금광상 화진환 고아 일심귀명정례

二十三. 상공절차(초천수독경)

정구업진언 수리수리 마하수리 수수리 사바하 (3回)
오방내외 안위 제신진언 나무 사만다 못다남
옴 도로도로 지미사바하 (3回)

　계경계
무상 심심 미묘법 백천 만겁 난조우
아금 문견 득수지 원해 여래 진실의

　개법장진언
옴 아라 남 아라다 (3回)
천수 천안 관자재보살 광대원만 무애 대비심 대다라니

　계청
계수 관음 대비주 원력 홍심 상호신
천비 장엄 보호지 천안 광명 변관조
진실 어중 선밀어 무위 심내 기비심
속령 만족 제희구 영사 멸제 제죄업
천용 중성 동자호 백천 삼매 돈훈수

수지 신시 광명당 세척 진로 원제해
초증 보리 방편문 아금 칭송 서귀의
소원 종심 실원만
나무 대비 관세음 원아 속지 일체법
남무 대비 관세음 원아 조득 지혜안
나무 대비 관세음 원아 속도 일체중
나무 대비 관세음 원아 조득 선방편
나무 대비 관세음 원아 속승 반야선
나무 대비 관세음 원아 조득 얼고해
나무 대비 관세음 원아 속득 계정도
나무 대비 관세음 원아 조등 원적산
나무 대비 관세음 원아 속회 무위사
나무 대비 관세음 원아 조동 법성신

아약향 도산 도산 자최절 아약향 화탕화탕 자고갈
아약향 지옥 지옥 자소멸 아약향 아귀아귀 자포만
아약향 수라 악심 자조복 아약향 축생 자득 대지혜

나무 관세음보살 마하살
나무 대세지보살 마하살
나무 천수보살 마하살

나무 여의륜보살 마하살

나무 대륜보살 마하살

나무 관자재보살 마하살

나무 정취보살 마하살

나무 만월보살 마하살

나무 수월보살 마하살

나무 군다리보살 마하살

나무 십일면보살 마하살

나무 제대보살 마하살

나무 본사 아미타불

二十四. 후천수독경

신묘장구대다라니 나모라다나 다라야야 나막알야 바로기제 새바라야 모지사다바야 마하 사다바야 마하가로니 가야 옴 살바바 예수 다라나 가라야 사다몀 나막가리 다바 이맘알야 바로기제 새바라 다바 이라간타 나막하리나야 마발타 이나미 살발타 사다남 수반 아예염

살 바 보다남 바바말아 미수다감 다야타 옴 아로게 아
로가 마지로가 지가란제 혜혜하례 마하모지 사다바 사
마라사마라 하리나야 구로 구로 갈마사다야 사다야 도
로도로 미연제 마하미연제 다라 다라 다린나례 새바라
자라자라 마라미마라 아마라 몰제 예혜혜 로계 새바라
라아 미사미 나사야 나베 사미사미 나사야 모하자라
미사미나사양 호로 호로 마라호로 하례 바나마 나바
사라사라 시리시리 소로 소로 못자못자 모다야 모다야
매다리야 니라간타 가마사 날사남 바라 하리 나야 마
낙사바하 싣다야 사바하 마하 싣다야 사바하 싣다 유
예새바라야 사바하 니라간타야 사바하

바라하목카 싱하 목카야 사바하 바나마 하따야 사바
하 자가라 욕타야 사바하 상카 섭나네모다나야 사바하
마하라 구타다라야 사바하 바마사간타 니사 시체다 가
릿나 이나야 사바하 마가라 잘마니 바사나야 사바하
*나모라 다나다라 야야 나막알야 바로기제 새바라야
 사바하 (3誦)

사방찬
일쇄 동방결도량 이쇄 남방득청량
삼쇄 서방구정토 사쇄 북방연안강

도량찬

도량 청정 무하예 삼보 청용 강차지

아금 지송 묘진언 원사 자비 밀가호

참회게

아석 소조 제악업 개유 무시 탐진치

종신 구의 지소생 일체 아금 개참회

나무 참제업장십이존불 나무 업장보승장불 보광왕
화렴존불

일체향화 자재 역왕불 백억 항하사 결정불

진위덕불 금강 견강 소복 계산불

보광월전 묘음 존왕불 환희 장마니 보적불 무진향
승왕불

사자월불 환희 장엄 주왕불

제보 당마니 승광불

십악참회

살생 중죄 금일참회 투도 중죄 금일참회

사음 중죄 금일참회 망어 중죄 금일참회

기어 중죄 금일참회 양설 중죄 금일참회

악구 중죄 금일참회 탐회 중죄 금일참회

진에 중죄 금일참회 치암 중죄 금일참회
옴 백 겁적집제 일념돈탄진 여화분고초
멸진 무유여 죄무 자성 종심기
심약 멸시죄역망 죄망 심멸양구공
시즉 명위진참회

　참회진언
옴 살바 몯자 몯지 사다야 사바하 (3回)
준제 공덕취 적정. 심상송 일체 제대난 무능침시인
천상 급인간 수복 여불등 우차여의주 정획. 무등등
나무 칠구지 불모 대 준제보살 (3誦)

　정법계진언
옴 남 (3回))

　호신진언
옴 치 림 (3回)
관세음 보살 본심미묘　육자 대 명왕 진언
옴 마니 반 메 훔 (3回)

준제진언

나무 사다남 삼먁 삼못다 구치남 다냐타

옴 자례 주례 준제 사바하 부림 (3回)

아금지송 대준제 즉발보리 광대원 원아정혜속원명

원아공덕 개성취 원아승복 변장엄 원공중생성불도

　여래 십대 발원문

원아 영리 삼악도 원아속단 탐진치 원아상문불법승

원아 근수 계정혜 원아항수 제불학 원아불퇴보리심

원아결정　생안양　원아속견　아미타　원아분신변진찰

원아광도　제중생

　발사홍서원

중생무변 서원도 번뇌무진 서원단 법문무량 서원학

불도무상 서원성 자성중생 서월도 자성번뇌 서원단

자성법문 서원학 자성불도 서원성

원이 발원이 귀명례삼보

나무 상주시방불 나무 상주시방법

나무 상주시방승 (3回)

정삼업 진언

옴 사바바 수다살바달마 사바바바수도함 (3誦)

개단진언

옴 바아라 뇨로 다가다야 삼마야 바라베사야훔 (3回)

건단진언

옴 난다난다 나지나지 난다

바 사바하 (3回)

정법계진언

나자 색선백 공점이엄지 여피계명주

치지 어정상 진언동법계 무량 중죄제

일체 촉예처

당가차자문 나무 사만다 못다남 람 (3回)

거불

나무 현거 도솔 미륵존불 (1拜)

나무 당래 교주 미륵존불 (1拜)

나무 삼회 도인 미륵존불 (1拜)

나무 당래 용화교주자씨 미륵존여래불 (105정근)

보소청진언
나무 보보제리 가리다리 다타 아다야 (3誦)

二十五. 앙유

미륵 대성자 현거 도솔 당강 용화
굉시 칠변지 언음 보화 오승지 성중 당절귀의
해지감응 시이 사바세계 차사 천하 남염 부주

동양대한민국 ○○도 ○○시 ○○면 ○○리 ○○번지
용화사 미륵 부처님 청정 법당수월 도량내에 거주
건명 ○○생 보체 금차 지극지 정성 발원재자 대원 성
취지 발원 연후 일생 안과 태평 상생 도솔지 천궁 하
강용화 지승회 견불문법 오증무생지대원 ○○년 ○○월
○○일 ○○사 내 건설 정찬 공양

자씨대성 장사천궁 약간향연 근병일심.선진삼청
나무일심봉청 복연증승 수량무궁 원력장엄 자비광대

사천년중 위거보처 팔만세시 신강용화 당래하생 미륵존
불 유원자비 강임도량 수차공양 (삼청)

　향화청 (3說)
육시설법 무휴식 삼회도인 비등한
절염노생 침오탁 금소약잠 도인간
고아일심귀명정례

　헌좌게
묘보리 좌승장엄 제불좌이 성정각
아금헌좌 역여시 자타일시 성불도
옴바아라 미나야 사바하 (3說)
욕건만다라 선승 정법게진언 옴남 (3. 7片)

　다게(茶偈)
공양 시방조어사 연양 청정미묘법
삼승사과 해탈승 원수자비 애납수 (3拜)

　진언권공
향수라열 재가건성 욕구공양 지주원
수장가지지변화 앙유 삼보 특사가지

나무시방불 나무시방법 나무시방승 (3誦)
무량위덕 자재광명 승묘력 변식진언 나막 살

바다타아다 바로기제 옴삼마라삼마라 훔 (3片)

　시감로수진언
나무소로 바야 다타아다야 다냐타 옴소로소로
바라소로 바라소로 사바하 (3. 7片)

　일자수륜관진언
옴 밤 밤 밤 밤 (3. 7片)
유해진언 나무사만다 못다남 옴 밤 (3. 7片)

　운심공양진언
　원차향공 변법게 보공무진 삼보혜 자비 수공 증선근
영법주세 보불은나막 살바 다타 아제비약이 살바 모계
비약 살바다감 오나아제 바라혜암

　옴 아아 나깜 사바하 (3片)
　지심정례공양 현거 도솔 당강용화 자씨 미륵존여래불
(1拜)

지심정래공양 복연증승 수량무궁 자씨 미륵존여래불
(1拜)
지심정래 공양 원력 장엄 자비광대 자씨 미륵존여래불
(1拜)

보공양진언
옴 아아나 삼바바 바아라 훔 (3片)

출생공양진언
옴 (3片)
정식진언 옴 다다바라훔 (3片)

보회향진언
옴사마라사마라 미만나 사라마하 자가라 바훔 (3片)

대원성취진언
옴아모카 살바다라 사다야 시베 훔 (3片)

보궐진언
옴 호로호로 사야모게 사바하 (3片)

탄백(嘆白)
번뇌단진복지원 위극일생 보처존 적광토중불유의
방대 광명 조불화
고아일심귀명정례

二十六. 참회발원문(懺悔發願文)

우리들 말법 용화제자는 한 마음 기울여서 사바교주 석가세존과 용화교주 미륵존불과 시방상주 일체 불보살님께 지성 귀의하와 예경 참회하옵니다.

돌이켜 생각하오니 저 끝없는 과거로부터 오늘에 이르기까지 자성의 광명를 등지고 무명의 인연 따라 몸으로 살생·투도·사음 업을, 입으로 망어·양설·악구·기어 업을 마음으로는 탐심·진심·사견 업을 이같은 열 가지 업을 바탕으로 온갖 죄를 다 지었으며 무량겁 바다에서 사생육도를 돌고 돌며 온갖 고초를 다 격다가 다행히 오늘날 사람의 몸을 받아 천만겁 만나기 어려운 불법을 만나 삼보님께 귀의하야 예경 참회하오며 자성의 광명

를 반조하게 되옴은 이것 또한 숙세의 선근 인연의 힘
과 불보살님의 불가사의한 원력이옵니다. 인과응보를
깊이 반성하고 오늘날부터는 모든 악업를 짓지 않고 십
선업을 널리 닦으며 사람에 권하고 교화함으로 지상에
재빨리 미륵성존님 정토인 미륵세존님 모시고 삼회설법
에 무생법인을 증득하여 세세 상향 보살도 닦아 온 중
생과 함께 용화지상 불국토를 실현하여 지이다.

　나무시아본사 석가 여래불 (3誦)

　나무당래 용화교주자씨 미륵존여래불 (1拜)

　나무미륵존불 (105번 정근)

* 대한불교 용화 분향게(大韓佛敎龍華焚香偈)

한 줄기 맑은 향를 정성 불로 사르오니 시방에

늘 계옵신 삼보께옵서는 굽어살펴 주옵소서. (1拜)

二十七. 귀의례(歸依禮)

사바 교주 석가 여래불께 지심 정례 합니다. (1拜)
자비복덕이 원만하시고 지혜원력이 끝없으신
미륵 성존께 지심 정례합니다. (1拜)
석가세존의 후불이시고 용화세계의 교주이옵신
미륵 성존께 지심 정례합니다. (1拜)
평화세계의 건설자 이시고 지상천국의 구현자
이신 미륵 성존께 지심 정례합니다. (1拜)
과현 미래 삼천제불과 시방삼세 일체 불보살님께
지성 귀의하옵니다. (1拜)
문수보살 보현보살 관세음 보살 대세지 보살
지장보살 금강장보살 제장애 보살과 시방상주
청정승보께 지심 정례합니다. (1拜)
십대 명왕중 대범제성천 호세사천왕 일체 호법
선신께 지심 정례합니다. (1拜)

   정 삼업 진언
옴 사바 바바 수다 살바달마 사바바 수도함 (3片)
나무참죄 업장 십이존불 보승장불

보광왕 화렴존불

일체향화 자재역왕불

백억항하사 결정불 진위덕불

금강견강 소복 괴산불 보강월전 모음 존왕불

환희 장마니 보적불 무진향 승왕 불 사자월불

환희 장엄 주왕불 제보 장마니 승광불

살생중죄 금일참회 투도중죄 금일참회

사음중죄 금일참회 망어중죄 금일참회

기어중죄 금일참회 양설중죄 금일참회

악구중죄 금일참회 탐애중죄 금일참회

진애중죄 금일참회 치암중죄 금일참회

옴 백겁 적집제 일념 돈탄진 여화분고초

멸진 무유여 죄무자성 종신기 십약멸시

죄억망 죄망신고 양구공 시즉명애 진참회

　참회진언

옴 살바 못 자못지 사다야 사바하 (3誦)

二十八. 축원(祝願) 앙고(仰告)

   당래교주 미륵존불 불사자비 허수증명 상래 소수 공덕해 회향삼처 실원만 불일증휘 법륜상전 간과식정 만민 함락지 대원 금차지극정성 발원불자 ○○생 ○○일 ○○보체 복해 왕양지대원 재고축 ○○보체 불보살 앙몽 가피지묘력 만사길상 여의 성취지 발원 삼고축 지극지 정성 발원 불자 ○○생 ○○일 ○○명

   보체 용화 동참 발원불자 속증보리 광도인천지 대원 마하 반야 바라밀

몽 수 경

나무 관세음보살
나무불 나무법 나무승
여불유인 여불유연
불법상인 상락아정
조념관세음 모렴관세음
념념종심기 념념불이심

천라신 지라신 인이난
난이신 일체재앙 화위진
나무마하 반야 바라밀
옴 급급 여울령 사바하

二十九. 십염(十念)

청정 법신 비로자나불
원만 보신 노사나불
천백억 화신 석가모니불
구품 도사 아미타불
당래 하생 미륵존불
시방 삼세 일체제불
시방 삼세 일체존법
대성 문수 사리보살
대행 보현보살
대비 관세음보살
대원 본존 지장보살

제존 보살 마하살
마하 반야 바라밀 옴 급급 여울령 사바하

신 미륵 상·하생경

발행일	2015년 2월 15일
편 저	주지 자도광(慈道光)
	경기도 포천시 포천로 226-3 용화사
	Tel.031-532-8633　Mobile.010-3909-5971
	Fax.031-532-7545, 031-534-6831
발행처	이화문화출판사
	서울시 종로구 내자동 167-2 인왕빌딩
	Tel.02-738-9880, Fax.02-738-9887
	homepage www.makebook.net
ISBN	979-11-5547-167-8 03220

定價 10,000원